Eva-Maria Engelen **Descartes**

Nehmen wir wirklich die Außenwelt wahr oder träumen wir nur? Täuscht uns etwa ein böser Geist? Woran kann man zweifeln und woran nicht? Was ist der feste Grund, das unumstößliche Fundament des Denkens? Das sind Descartes' Ausgangsfragen, um zu einer sicheren Methode des Denkens und Urteilens zu gelangen. Sein methodischer Zweifel führt zu der Erkenntnis, dass alles in seiner Existenz bezweifelt werden kann, nur der Zweifel selbst und damit auch der Zweifelnde nicht: »Cogito ergo sum« - »Ich denke, also bin ich.«

Eva-Maria Engelen, geboren 1963, lehrt Philosophie an der Universität Konstanz.

Grundwissen Philosophie

Descartes

von

Eva-Maria Engelen

RECLAM
LEIPZIG

Wissenschaftlicher Beirat der Reihe
Grundwissen Philosophie:

Prof. Dr. Hartmut Böhme
Prof. Dr. Detlef Horster
Prof. Dr. Geert Keil
Prof. Dr. Ekkehard Martens
Prof. Dr. Barbara Naumann
Prof. Dr. Herbert Schnädelbach
Prof. Dr. Ralf Schnell
Prof. Dr. Franco Volpi

© Reclam Verlag Leipzig, 2005
Reclam Bibliothek Leipzig, Band 20123
1. Auflage, 2005
Reihengestaltung Grundwissen Philosophie:
Gabriele Burde
Abbildung von Descartes © ullstein-ullstein bild
Foto auf der Umschlagrückseite © André Fuhrmann
Gesetzt aus ITC Slimbach
Satz: Steffi Glauche, Leipzig
Druck und Bindung: Reclam, Ditzingen
Printed in Germany
ISBN 3-379-20123-5

www.reclam.de

Inhalt

Descartes' Leben und Werk   7

Methode   30

Geist und Natur   40

Physik   57

Ethik und mechanistische Physiologie –
   Mensch und Körper   69

Das Ich ein Traum? Nachwirkungen Descartes'
   im heutigen philosophischen Denken   85

Anmerkungen   101
Kommentierte Bibliografie   104
Schlüsselbegriffe   112
Zeittafel   116

Descartes' Leben und Werk

René Descartes, einer der großen Philosophen der europäischen Geistesgeschichte, hatte ein recht bewegtes Leben. Zwar scheint ein ruhiges Gelehrtenleben sein Ideal gewesen zu sein; um seinen Arbeiten nachzugehen, musste er allerdings viel reisen und zahlreiche wissenschaftliche Kontakte pflegen – Umstände, die ein allzu beschauliches Leben nicht zuließen. Ehe er sich aber für ein Leben als Philosoph und Wissenschaftler entschied, vergingen einige Jahre, die er als Freiwilliger in den Schlachten des Dreißigjährigen Krieges verbrachte.
René Descartes wurde am 31. März 1596 in La Haye, einem kleinen Ort in der Nähe von Tours, als drittes Kind von Joachim Descartes und Jeanne Brochard geboren und starb am 11. Februar 1650 in Stockholm. 1594, also kurz vor seiner Geburt waren die Konfessionskriege in Frankreich beendet worden, die rund dreißig Jahre gedauert hatten. In seine Lebenszeit fällt der Dreißigjährige Krieg in Deutschland, an dem er sich als Freiwilliger in der Armee von Moritz von Nassau beteiligt hat.
Als hochadeliger Sprössling erbt Descartes von seinen Eltern sowohl Liegenschaften als auch Renten, so dass er es sich leisten kann, als Privatgelehrter von seinem Vermögen zu leben. Er muss sein Brot nicht an einer Universität verdienen. Letzteres hätte für ihn bedeutet, sich aristotelischen Schulmeinungen anschließen zu müssen, die an den Universitäten des 17. Jahrhunderts noch vorherrschend sind, gegen die er aber argumentiert. Er hat sich jedenfalls eine Meinung dazu gebildet, wie Gelehrte und Forscher für ihr Tun entlohnt werden sollten: »Wenn es also auf der Welt jemanden gäbe, von dem man mit Sicherheit wüßte, daß er fähig ist, die größten und nützlichsten Dinge, die es nur geben kann, für die Allgemein-

heit zu finden, und wenn sich deshalb alle anderen Menschen bemühten, ihm mit allen Mitteln zu helfen, an das Ziel seiner Absichten zu kommen, so sehe ich nicht, was sie anderes für ihn tun könnten, als ihn mit Geld für die Kosten der Beobachtungen, die er braucht, zu versorgen und ansonsten zu verhindern, daß ihm seine Zeit durch die Zudringlichkeit von irgend jemandem verloren ginge.« (AT VI, 73; Übers. Ostwald, S. 135)

Dennoch stellt Descartes den 1641 erschienenen *Meditationes de prima philosophia* eine »Epistola« (Widmung) an die Professoren der Sorbonne voran, die sich durchaus als eine Art Bewerbungsschreiben lesen lässt. Allerdings hat sie nicht den gewünschten Erfolg einer Ernennung gehabt.

Seine eigene Ausbildung beginnt in institutioneller Form ab 1606/1607 am Collège Royal in La Flèche und endet dort nach acht Jahren im Jahr 1614. Die Gründung dieser Schule ist den Jesuiten von Heinrich IV. erst 1603 genehmigt worden, nachdem ihr Orden in Frankreich zuvor einige Zeit aus politischen Gründen verboten war. 1604 ist sie eröffnet worden. Descartes wird dort in Latein, Griechisch, Rhetorik und Poesie unterrichtet, aber auch in Logik, Geometrie und Mathematik. Descartes selbst weist auf seine Ausbildung in La Flèche in seinem *Discours de la méthode* (*Von der Methode des richtigen Vernunftgebrauchs und der wissenschaftlichen Forschung*, 1637) hin. Descartes verbindet dies zwar mit einigen kritischen Bewertungen, diese sind aber wohl zum einen auf die von ihm abgelehnte aristotelische Ausrichtung der Physik und Philosophie zurückzuführen und zum andern darauf, dass ihm die zentrale Stellung der Mathematik für die Naturwissenschaften und die Metaphysik dort nicht vermittelt wurde. Dieser Vorwurf mutet insofern merkwürdig an, als Descartes selbst erst einer der Begründer einer neuen, nichtaristotelischen Metaphysik und Naturwissenschaft ist und sein Vorwurf damit impliziert, dass seine Lehrer nicht die großen Neuerungen der Zeit vorweggenommen haben. Aus Descartes' Sicht ist der Vorwurf jedoch insofern berechtigt, als er seine Einsichten für Wahrheiten hält, auf die jeder gescheite Mensch hätte kommen können, so er gründlich nachgedacht und sich nicht stets auf tradierte scholastische Theorien verlassen hätte.

Es bleibt aber festzuhalten, dass Descartes in La Flèche eine der damals besten und fortschrittlichsten Schulen Europas besucht hat, in der selbst die Physik des Galileo Galilei gelehrt wurde. Er lernt dort zudem bereits den Theologen und Mathematiker Marin Mersenne (1588–1648) kennen, der ihm für sein ganzes Leben einer der wichtigsten wissenschaftlichen Gesprächspartner und ein Freund wird.

Nachdem Descartes das Collège Royal 1614 abgeschlossen hat, setzt er weder seine akademischen Studien fort noch beginnt er mit eigenen wissenschaftlichen Arbeiten. Er lernt vielmehr in Paris zunächst das galante Leben des französischen Adels kennen, zu dem er gehört, knüpft aber auch neue wissenschaftliche Bekanntschaften wie die zu dem Mathematiker Claude Mydorge (1585–1647) und erneuert die alte zu Marin Mersenne. In gewisser Weise scheint der junge Descartes in diesen Jahren unentschlossen gewesen zu sein, welchen Lebensweg er beschreiten solle, den ihm von Geburt gemäßen eines Adeligen oder den – einem Adeligen nicht gemäßen – eines Gelehrten.

1616 erwirbt er an der Universität Poitiers einen Abschluss in Jurisprudenz, was auf eine weitere Karrieremöglichkeit in seinem Leben verweist, die er wahrscheinlich ernsthaft erwogen hat: die eines Juristen auf einem höheren Posten im Staatsdienst, eine Karriere, wie sie auch sein Vater und Großvater verfolgt hatten.

Im Mai 1617 unternimmt er zunächst einen Schritt in Richtung einer militärischen Laufbahn, als er nach Breda in Holland reist und als Freiwilliger in den Dienst von Moritz von Nassau eintritt. Dieser verfügt über die modernste Militärtechnologie seiner Zeit, um befestigte Städte erstürmen zu können, weshalb in seinem Umkreis auch einige Ingenieure und Mathematiker zu finden sind. Im Jahr dieses ersten freiwilligen Militärdienstes verfasst Descartes auch seine erste Schrift, einen

Leitfaden der Musik (Compendium Musicae). Die Musik gehört zu dieser Zeit noch in antiker und mittelalterlicher Tradition zu den Fächern, deren Grundlagen in der Mathematik gesehen werden. Außerdem sind die mathematischen Harmonien Gegenstand des Nachdenkens sowohl in der Astronomie als auch in der Ethik. Descartes erläutert in dieser Publikation musikalische Harmonien und Intervalle mithilfe einer mathematischen Proportionenlehre, insofern ist er der mittelalterlichen Tradition noch sehr nahe. Indem er die Wirkung der Musik auf die Leidenschaften der Seele anspricht, fragt er nach der ethischen Wirkung der Musik. Denn die Beherrschung der Leidenschaften oder Emotionen ist in der antiken Tradition ebenso ein Thema der Ethik wie ein harmonischer Seelenzustand. Er wird auf dieses Thema, ohne der Musik dann noch große Beachtung zu schenken, erst in seiner letzten Schrift *Les passions de l'âme* (*Die Leidenschaften der Seele*, 1649) zurückkommen. (Vgl. »Ethik und mechanistische Physiologie – Mensch und Körper« in diesem Buch)

Im Spätsommer 1619 tritt Descartes dann erneut als Freiwilliger in ein Heer ein. Diesmal dient er Maximilian von Bayern, der sich mit dem katholischen Kaiser Ferdinand II. gegen den protestantischen Kurfürsten Friedrich V. von der Pfalz verbündet hat. Kurfürst Friedrich V. von der Pfalz war der Vater von Elisabeth von der Pfalz, mit der Descartes später in einen regen, freundschaftlichen Gedankenaustausch treten wird. Erst einmal tritt er jedoch der Liga bei, die am 8. November 1620 in der Schlacht am Weißen Berg dafür verantwortlich wird, dass Friedrich V. und seine Familie die Krone und die Pfalz verlieren, womit ein politischer und gesellschaftlicher Bedeutungsverlust für diese Familie und damit auch für Elisabeth von der Pfalz einhergeht. Die schwierige Situation der Kurpfälzer Fürstenfamilie im Exil führt schließlich dazu, dass Descartes Elisabeth gute Ratschläge geben muss, wie man sein Seelenleben beziehungsweise seine Gemütsverfassung ins Gleichgewicht bringen kann – diese Ratschläge, denen nicht zuletzt auch theoretische Überlegungen zugrunde liegen, die

Elisabeth durchaus mit angeregt hat, münden später in die *Les passions de l'âme*, sein letztes Werk.

Zunächst aber bezieht die bayrische Armee ihr Winterlager in Bayern. Descartes, der in Frankfurt die Krönung Ferdinand II. miterlebt hat, macht sich auf den Weg zu dieser Truppe, bleibt aufgrund des Wintereinbruchs allerdings in der Nähe von Ulm stecken, wo es zu einer entscheidenden Wende in seinem Leben kommt.

In der Nacht vom 10. auf den 11. November 1619 hat er drei Träume. Seine Niederschrift dazu ist leider verloren gegangen, so dass als Informationsquelle für diese Träume nur die Aufzeichnungen seines ersten Biografen, Adrien Baillet, herangezogen werden können. Nun hat Baillet den Inhalt der Träume und deren Interpretation durch Descartes zwar getreulich wiedergegeben, es wäre jedoch auch wichtig zu wissen, wie Descartes die Herkunft und die Präsentationsweise der Träume geschildert hat. Kurz: Wer ist der Autor der Träume, die für Descartes nach seiner Selbstauskunft zu einem Wendepunkt in seinem Leben wurden? Begriff er sich selbst als Urheber dieser Träume, die er später als wegweisend beschreibt? Oder hat er eine Traumvision, für die eine andere Instanz verantwortlich zeichnet? Hat Descartes diese Träume als Warnungen beziehungsweise Hinweise Gottes geschildert, der ihm damit eine zu entschlüsselnde Nachricht übermittelte?

Dies ist insofern relevant, als damit eine Auskunft über das Subjektverständnis des frühen Descartes verbunden wäre. In antiker und mittelalterlicher Tradition wird dem Träumenden im Traum etwas von göttlicher Seite mitgeteilt, es wird ihm etwas gezeigt. Der Autor des Traums ist demnach nicht der Träumende, sondern eine göttliche Instanz. Heute gehen wir davon aus, dass die Träume in uns entstehen. Wir sind selbst die Autoren unserer Träume, wenn auch, wie wir heute sagen würden, unbewusste Autoren. Es ist unser Unterbewusstsein, das uns etwas mitteilt.

Wenn Descartes in seiner Traumschilderung zu erkennen

gegeben hätte, dass diese Träume von einer anderen Instanz stammen, könnte man daran sehen, wann und inwiefern sich sein Subjektverständnis in eine Richtung verändert hat, die die unsere ist. Wenn Descartes in den *Meditationes de prima philosophia* (*Meditationen über die Grundlagen der Philosophie*, 1641) von Gott als dem möglichen Täuscher spricht, der uns gleich einem Traum Wahrnehmungen, Gedanken und Empfindungen eingibt, ohne dass eine Welt dafür ursächlich ist, entspricht das noch dem antiken Traumverständnis. Descartes zeigt in seiner weiterführenden Argumentation dann allerdings, dass Gott nicht dieser mögliche Täuscher sein kann.

Eine für Descartes' Selbstverständnis entscheidende Wendung seines Denkens (nicht seines Lebens) tritt ein, als er unter anderem versteht, dass das Wahrnehmen eines Traumes durch das Subjekt selbst geschieht. Dieser Vorgang kann von keiner anderen Instanz übernommen werden, denn selbst wenn eine solche dem Subjekt eine Traumvision eingeben würde, muss das Subjekt selbst den Traum wahrnehmen. Noch ist Descartes aber nicht bei dieser Stufe der Subjekt- und Traumreflexion angekommen, noch gilt es einiges über die Wendung in seinem Leben zu sagen, ehe diese Wendung in seinem Denken ausführlich zu erläutern sein wird.

Die Anhaltspunkte, die wir haben, sprechen dafür, dass Descartes die drei noch zu schildernden Träume tatsächlich als eine göttliche Mitteilung verstanden hat. Zwar begreift er sich offenbar selbst als Träumenden, aber nicht unbedingt als Autor dieser Träume. So schreibt Baillet, Descartes habe sich noch im Schlaf dafür entschieden, dass er träume und es sich nicht etwa um eine Vision oder ein Gesicht handle. Und er habe im Schlaf bereits die Deutung vorgenommen, sie allerdings als Teil der ihm gesandten Botschaft verstanden, mithin nicht als seine vollständig eigene Interpretation.[1]

Descartes bittet Gott, dass er ihm seine Mitteilung »ohne Rätsel« zu erkennen geben möge, und gelobt eine Wallfahrt nach Loretto. Die Schilderung der Träume enthält einige zu

Descartes' Zeit bekannte Versatzstücke sowohl aus der biblischen als auch aus der säkularen Traumliteratur. Das kann bedeuten, dass er seine Traumschilderung literarisch aufgearbeitet hat, es könnte aber auch darauf hinweisen, dass seine Träume von dieser Literatur beeinflusst worden sind.

Die ersten beiden Träume beschreibt Descartes als Albträume, die ihn erschrecken. Im ersten Traum geht er durch Straßen, kann sich aber kaum vorwärtsbewegen, weil ein Wirbelsturm ihn zwingt, sein Gewicht auf die linke Seite zu verlagern und er immer wieder um die eigene Achse gedreht wird. Schließlich kehrt er bei einem Kolleg ein, um Zuflucht zu suchen, und wendet sich der Kollegkirche zu. Auf dem Weg dorthin wird er zweimal angesprochen; als er sich diesen Personen zuwenden will, wird er von einem starken Wind wieder in Richtung der Kirche getrieben. Die zweite Person will ihm eine Art Melone für einen Bekannten mitgeben. Die ihn ansprechenden Personen werden nicht wie er hin und her getrieben, sie können aufrecht stehen und gehen.

Als er aus diesem Traum erwacht, verspürt er einen stechenden Schmerz in der linken Seite und muss sich auf die rechte legen. Nach zwei Stunden schläft er wieder ein und träumt, einen dröhnenden Lärm zu vernehmen, den er für Donner hält. Als er auch aus diesem Traum aufwacht, sieht er Funken, schläft aber wieder ein. Im dritten Traum findet er schließlich ein Wörterbuch auf einem Tisch, das er für nützlich hält. Plötzlich hält er dann aber ein anderes Buch in der Hand, eine Gedichtsammlung, in der er den Vers »Quod vitae sectabor iter?« (Welchem Lebensweg soll ich folgen?) liest. Ein Mann taucht auf und macht ihn auf einen anderen Vers aufmerksam: »Est et non« (Es ist, und es ist nicht). Er blättert weiter, spricht noch mit dem Mann darüber, dass »Est et non« in den Idyllen des römischen Dichters Ausonius (etwa 310–393) steht, findet die Stelle aber nicht wieder. Auch das andere Gedicht, welches mit »Quod vitae sectabor iter« beginnt, kann er nicht wieder finden, und schließlich verschwinden sowohl der Mann als auch die Bücher.

Noch im Schlaf deutet Descartes die ersten beiden Träume als Warnung davor, sein bisheriges Leben so fortzusetzen. Der Wind habe ihn, der ohnehin freiwillig auf dem Weg zum Kolleg und der Kirche gewesen ist, mit aller Macht dort hintreiben wollen; er sei ein böser Geist gewesen, der ihn von seinen eigentlichen Aufgaben habe abhalten wollen. Die Melone deutet Descartes als Reiz der Einsamkeit, den Donner und die Funken als Geist der Wahrheit, der sich seiner bemächtigt habe, und den dritten Traum als Wegweiser für die Zukunft. Das Wörterbuch, von dem er geträumt hat, stehe für die Gesamtheit der Wissenschaften, die Gedichtsammlung für Philosophie und Weisheit. Der Vers des Ausonius, »Quod vitae sectabor iter?«, stelle ihm die entscheidende Frage und der Vers »Est et non« symbolisiere als Prinzip des Pythagoras (etwa 570–480 v. Chr.) Wahrheit und Falschheit in den Wissenschaften und der Erkenntnis.

Descartes schildert dieses Traumerlebnis als Wendepunkt. Vorangegangen waren Studien mit dem Mathematiker und Rosenkreuzer Johann Faulhaber (1580–1636) in Ulm. Es ist gut möglich, dass es Faulhaber war, der Descartes ein tiefgreifenderes Verständnis der Mathematik und ihrer Funktion für die Wissenschaften vermittelt hat, als er es in La Flèche kennen gelernt hat. Descartes' Wendung zur Wissenschaft könnte daher mit dieser Begegnung in Verbindung stehen. Er verließ noch vor Ablauf des Winters die Armee und begab sich auf Reisen durch das westliche Europa. Demnach widmet er sich nicht sofort vollständig den Wissenschaften und der Philosophie, wie es ihm die Träume empfehlen.

Die Jahre 1622 und 1623 verbringt Descartes vorwiegend damit, seine Erb- und Finanzangelegenheiten in Frankreich zu ordnen, und im September 1623 bricht er zu einer zweijährigen Reise nach Italien auf, um den Nachlass eines Onkels zu ordnen, der dort als Intendant der französischen Armee tätig gewesen ist. Auf dem Weg dorthin könnte er sein Gelübde, eine Wallfahrt nach Loretto anzutreten, erfüllt haben. Die Gelegenheit, Galileo Galilei (1564–1642) zu treffen, mit dessen

Vorstellungen über den Aufbau des Weltalls und die Stellung der Erde im Sonnensystem er später weitestgehend übereinstimmt, ergibt sich bei dieser Reise nicht.

Ob sich Descartes dann in den folgenden drei Jahren in Paris vornehmlich dem Studium naturwissenschaftlicher beziehungsweise philosophischer Fragen gewidmet, oder nicht auch dann noch das Leben eines finanziell unabhängigen Adeligen mit all den dazugehörigen Zerstreuungen geführt hat, ist trotz der für ihn so bedeutenden Träume nicht gewiss.

Schließlich beginnt er damit, das Linsenschleifen zu lernen, den Durchgang des Lichts durch das Glas zu beobachten, die Brechung zu ermitteln und die Bündelung und Streuung der Strahlen mathematisch zu errechnen. Descartes' Anliegen, das er mit diesen Studien verbindet, ist es wohl, mathematisch-physikalische Modelle zu entwickeln, die erklären können, wie das Licht durch den Glaskörper und die Linse des Auges gebrochen wird. So kann auf mechanischem Wege erklärt werden, wie Bilder im Gehirn aufgrund mechanischer Impulse erzeugt werden. 1637 wird er die *Dioptrique*, die *Optik*, veröffentlichen, die das erste Anwendungsgebiet für seine wissenschaftliche Methode darstellt. Diese Methode legt er im bereits erwähnten *Discours de la méthode* nieder und stellt sie der *Dioptrique* als Einführung in richtiges Denken voran.

Aber zunächst sind wir noch im Jahr 1628. Descartes reist von Frankreich in die Niederlande, wo er sich bessere Arbeits- und Veröffentlichungsbedingungen erhofft. Dort beginnt er mit Überlegungen für den *Discours de la méthode*, verfolgt aber auch seine Studien zur Physik und Astronomie weiter. Dass die 1633 entstandenen Werke, in welche diese Ideen zunächst einfließen, *Le Monde* sowie *Traité de l'homme* (*Die Welt* und *Abhandlung über den Menschen*) heißen und für uns heute ungewöhnliche thematische Zusammenstellungen enthalten, wird erklärlich, wenn man sich verdeutlicht, dass für Descartes alles Ausgedehnte materiell ist und damit von physikalisch-mathematischen Gesetzen bestimmt – auch der menschliche Körper. Hier wird bereits eine wissenschaftliche

Weltsicht angestrebt, der die einfachsten und alles umfassenden Annahmen für alles in der Welt Vorhandene gleichermaßen zugrunde liegen. Descartes geht so weit, dass er auch die Medizin in methodischer Hinsicht mit den anderen Disziplinen der Naturphilosophie, oder wie wir heute sagen, Naturwissenschaft, verbinden will. Dieselben Grundprinzipien haben für alle Disziplinen Gültigkeit, daher gilt es, sie aufzudecken.

Descartes sucht so in Amsterdam auch den Kontakt zu Medizinern, mit denen er neueste anatomische und medizinische Forschungen diskutiert. Was er bei diesen lernt und wie er seine Überlegungen mit diesen Forschungsergebnissen in Zusammenhang bringt, schreibt er im *Traité de l'homme* zwar nieder, aber weder dieser Text noch der erste Teil, nämlich *Le Monde*, werden zu seinen Lebzeiten veröffentlicht, vielmehr fließen diese Überlegungen in die erst 1644 veröffentlichten *Principia philosophiae* (*Prinzipien der Philosophie*) ein.

Für Descartes' Bild des menschlichen Körpers sind zwei Faktoren von besonderer Bedeutung: Erstens stellt er heraus, dass alle Organe und Teile des menschlichen Körpers aus demselben Stoff sind, der nur in unterschiedlichen Zusammensetzungen auftritt, und zweitens hat der Blutkreislauf und damit das Blut und das Herz, eine besondere Funktion für Ernährung und Wachstum dieses rein mechanistisch-materiellen Körpers. Im Herzen wird das Blut erhitzt, was erforderlich ist, um die Nahrung zum Gären zu bringen. Darüber hinaus wird das Blut durch das Herz über den ganzen Körper, bis in die kleinsten Verästelungen, verteilt, so dass auch dort Wachstums- und Ernährungsprozesse stattfinden.

Die Herztätigkeit beschreibt Descartes so, dass dem Herzen keine aktive Rolle zukommt, wenn es sich verengt und erweitert und das Blut auf diese Weise durch die Herzkammern gepumpt wird. Er stellt aber bereits 1632 den Blutkreislauf so dar, dass er sich von der 1628 erschienenen Beschreibung des Blutkreislaufs durch den Mediziner William Harvey (1578-1657), die er wohl erst später zu Gesicht bekommt, bestätigt sehen kann.

Die entscheidende Frage, wie der Verstand samt dem dazugehörigen Willen auf einen derart mechanistisch konzipierten Körper Einfluss nehmen kann, diskutiert Descartes an mehreren Stellen seines Werkes. Seine Antwort lautet: Der Verstand veranlasst die Zirbeldrüse im Gehirn, die Körpermechanik über die Richtungslenkung der kleinsten Körperbestandteile zu beeinflussen. Diese Kausalkette führt beispielsweise dazu, dass der Mensch seinen Arm hebt. Wie es der immaterielle, unmechanische Verstand schafft, die Zirbeldrüse dazu zu bringen, bleibt jedoch ungeklärt. Die Verbindung von körperlosem Geist und mechanistischer Materie ist in einem cartesischen, dualistischen Modell als Problem letztlich ungelöst.

In den Jahren 1637, 1641 und 1644 erscheinen dann die drei wichtigsten Werke Descartes': der *Discours de la méthode*, die *Meditationes de prima philosophia* und die *Principia philosophiae* (*Die Prinzipien der Philosophie*). Mit den *Passions de l'âme* von 1649 folgt noch ein weiteres Werk zu seinen Lebzeiten. Diese Werke werden nun im Folgenden jeweils kurz vorgestellt. Dabei sollte deutlich werden, inwiefern Metaphysik und naturwissenschaftliches Denken bei Descartes ineinander greifen.

Der *Discours de la méthode* ist eine wissenschaftliche Autobiografie von bemerkenswerter literarischer Qualität. Descartes beschreibt dort seinen intellektuellen und wissenschaftlichen Werdegang, wobei er seinen eigenen Weg als Muster vorführt. Er tut das nicht in detaillierter Tatsachentreue, sondern in exemplarischer Weise mit Verständnis für Metaphern und Dramaturgie. Ein Teil der in vorliegendem Buch wiedergegebenen Zusammenhänge des Lebens und des wissenschaftlichen Werdegangs von Descartes liest sich in aller Kürze im *Discours de la méthode* wie folgt:

»Nachdem ich mich so dieser Grundsätze versichert [...] hatte, urteilte ich hinsichtlich meiner restlichen Meinungen, mir die Freiheit nehmen zu können, mich ihrer zu entledigen. Und da ich nun hoffte, damit besser zum Ziel zu kommen, wenn ich mit Menschen verkehrte, als länger in dem Zimmer, wo ich all diese Gedanken hatte, eingeschlossen zu bleiben, begab ich mich noch vor Ende des Winters wieder auf Reisen. Und während der ganzen neun folgenden Jahre machte ich nichts anderes, als hier und dort in der Welt herumzuschweifen, wobei ich versuchte, eher Zuschauer als Akteur in all den Komödien zu sein, die sich in ihr abspielen, und indem ich mir bei jeder Sache überlegte, was [...] Anlaß zur Täuschung geben könnte, riß ich währenddessen all die Irrtümer samt Wurzeln aus meinem Geist [...].« (AT VI, 28–30; Übers. Ostwald, S. 57)

In diesen wenigen Bemerkungen spricht er den Entschluss an, den er in der Stube im deutschen Winter allein gefasst hat, als er mit der Armee Maximilians von Bayern in der Nähe von Ulm festsitzt: nämlich tradiertes Wissen und Meinungen zugunsten der selbsttätig erkannten Wahrheiten aufzugeben. Die diesem Lebensabschnitt folgenden neun Reisejahre beschreibt er rückblickend als den Versuch, sozusagen als teilnehmender Beobachter herauszufinden, inwiefern die Menschen mit ihrem Tun und Denken lediglich unbegründeten Gepflogenheiten folgen.

Begründungen können nur im Denken gefunden werden, nicht in der Tradition, zu deren Funktion gerade nicht das ständige Hinterfragen des Vorgefundenen gehört. Denn Tradition bedeutet eine Entlastung: Man muss nicht ständig neu bestimmen, was zu tun und wie zu entscheiden ist und welche Gründe dafür maßgeblich sind. Descartes formuliert dagegen mit der Forderung, nur das anzuerkennen, was man selbst klar und deutlich erkannt hat, einen antitraditionalistischen Standpunkt.

Im *Discours de la méthode* steht auch der berühmteste Satz Descartes', den viele kennen, ohne je etwas von ihm gelesen zu haben: »Ich denke, also bin ich«, den er als erstes und unerschütterliches Prinzip seiner Philosophie anführt. Den Argumentationsgang, der ihn zu diesem Grundsatz geführt hat, schildert er ebenso knapp und anschaulich wie die damit zusammenhängenden erkenntnis- und wahrheitstheoretischen Implikationen.

Seine Wahrnehmungen und Empfindungen, so habe er erkannt, könnten ebenso Täuschungen sein wie das, was er meine im Traum zu erleben und wahrzunehmen. Aber darüber, dass derjenige, der so etwas denke, irgendetwas sein müsse, darüber könne er sich nicht täuschen, das müsse notwendig richtig und damit auch gewiss sein.

Descartes folgert daraus, dass nur das wahr ist, was wir klar und deutlich begreifen. Der Wahrheitsbegriff wird, indem er mit dem Cogito-Argument exemplarisch eingeführt wird, unter Hinzunahme des Notwendigkeitsbegriffs bestimmt. Wahr ist, was unmöglich falsch sein kann, mit anderen Worten: wahr ist, was notwendig richtig ist.

In nur wenigen Abschnitten legt Descartes dar, dass der Mensch ein denkendes Wesen ist, dass er als denkende Substanz definiert werden muss und dass diese Substanz die unsterbliche Seele ist. Die prinzipielle Trennung von Körper und Geist, die Vergänglichkeit des Körpers und die Unsterblichkeit der Seele werden ebenso skizziert und festgehalten wie der Beweis der Existenz Gottes. All diese Punkte werden später in den *Meditationes de prima philosophia* ausführlicher geschildert als im *Discours de la méthode*. Was den *Discours de la méthode* dennoch so bemerkenswert macht, ist nicht nur die schriftstellerische Leichtigkeit, mit der Descartes hier verfährt, sondern auch die Deutlichkeit, mit der er die sein Denken motivierenden Grundüberzeugungen darlegt. Nachdem er nämlich die Existenz Gottes und die der unsterblichen Seele kurz abgehandelt hat, geht er im vierten Teil dazu über, seine mathematischen und naturwissenschaftlichen Grundannahmen aufzuzeigen. Bei dieser Gelegenheit macht er klar, dass er seine Schilderungen im Hypothetischen belässt, um sich aus allen (kirchen-)politischen Streitigkeiten heraushalten zu können: »[…] sodann einiges bei Gelegenheit über die Sonne und die Fixsterne anzufügen, […] über die Himmelsmaterie, […] über die Planeten, Kometen und die Erde […] und im einzelnen über all die Körper, die auf der Erde sind, […] und endlich über den Menschen […]. Um aber all diese Dinge ein wenig in der Schwebe zu lassen und so freier aussprechen zu können, was ich davon hielt, ohne verpflichtet zu sein, den etablierten Meinungen unter den Gelehrten folgen oder widersprechen zu müssen, entschloss ich mich, dieser ganzen Welt hier ihre Streitigkeiten zu lassen und nur davon zu sprechen, was in einer neuen Welt geschehen würde, wenn Gott jetzt irgendwo in imaginären Räumen genügend Materie schüfe, um sie zu bilden […].« (AT VI, 42; Übers. Ostwald, S. 81)

Er erwähnt nur kurz, dass er die aristotelische Lehre von Formen und Qualitäten, die die Materie erst zu dem machen, was sie als Ding, etwa als Stuhl, ist, ablehnt. Die Materie ist in der aristotelischen Lehre nur die Potenz, ein Stuhl zu werden, und die Form macht dann die Materie zu einem Gegenstand wie den Stuhl. Descartes geht auf dieses Grundprinzip der aristotelischen Naturphilosophie an dieser Stelle[2] aber nicht näher ein, sondern skizziert seine Ansichten zur Kosmologie.

Seine Vorstellungen zur Kosmologie und den Gesetzen, die sowohl beim Entstehen des Weltalls als auch beim Geschehen auf der Erde wirksam sind, werden mit dem aufschlussreichen Hinweis versehen, dass diese Gesetze in allen möglichen Welten gelten: »[…] und ich versuchte deutlich zu machen, daß selbst wenn Gott mehrere Welten geschaffen hätte, es keine einzige geben könnte, wo [die Gesetze] nicht beobachtet werden würden.« (AT VI, 44; Übers. Ostwald, S. 83) Die gedankliche Verbindung von Naturgesetzen und einer Vielzahl möglicher Welten war bereits von Nikolaus von Kues (1401–1464) vorbereitet worden. Dieser hatte im Zusammenhang mit der Annahme der Unendlichkeit des Universums auch die Existenz einer Vielzahl von Welten angenommen. Nikolaus verweist damit bereits auf die Renaissance-Vorstellung, wonach jeder Himmelskörper ein Zentrum der Anziehungskraft ist und nicht lediglich die Erde als der ausgezeichnete natürliche Ort das maßgebliche Zentrum der Anziehungskraft darstellt. Auch er hatte sich damit gegen Aristoteles gewandt, denn es besteht durchaus ein Zusammenhang zwischen dem aristotelischen Gesetzesbegriff und der Ablehnung einer Vielzahl von Welten durch Aristoteles.

Die Annahme einer Vielzahl von Welten (nicht Universen) durch Nikolaus von Kues und Giordano Bruno (1548–1600) trug zu einer Veränderung des Gesetzesbegriffs bei, der sich nicht zuletzt auch mit Descartes durchsetzt. Bei Aristoteles ist die Welt eine Welt der natürlichen Dinge und Substanzen, die einen Anfang der Bewegung in sich selbst haben. Ein Ende findet die teleologische Bewegung eines Körpers in seinem natürlichen Ort. Der Theorie des einfachen Körpers und der einfachen Bewegung entspricht bei Aristoteles eine Theorie der natürlichen Orte, in der auch die Welt (Erde) ihren zentralen Ort hat. Die Theorie des Raumes, die sich aus der Theorie der Orte ergibt, geht mit der Vorstellung einer räumlichen Endlichkeit der Welt (des Kosmos) einher.

Nikolaus von Kues wendet sich gegen die aristotelische Naturphilosophie, indem er ein Gegenmodell zur Theorie des Raumes und der Orte entwirft, was für die Ausformung des neuzeitlichen Gesetzesbegriffs bedeutsam wird. Für Nikolaus ist der Gedanke leitend, dass die Dinge existieren, insofern sie aufeinander bezogen sind; die Existenz und die Identität der Dinge entspringen also der Relationalität zu anderen Dingen. Die Welt stellt entsprechend einen Relationszusammenhang, d.h. eine Struktur, dar. Die Dinge in der Welt existieren ebenso wenig selbstständig wie die Welt selbst. Nikolaus von Kues löst damit auf andere Weise als Descartes den alten aristotelischen Substanz- und Wesensbegriff auf und ersetzt ihn durch den Begriff der Struktur. Daraus ergibt sich, dass das Universum zumindest prinzipiell, wenn auch nicht faktisch, unendlich ist, weil jedes Seiende ein anderes Seiendes benötigt, auf das es bezogen ist, um zu existieren.

Erkenntnis bedeutet nach dieser Auffassung nicht mehr Erkenntnis der Dinge, sondern Nachkonstruktion der Weltstruktur. In diesem Denken, das im ausgehenden Mittelalter aufkommt, bewegt sich auch Descartes. Das relationale Strukturdenken des Nikolaus von Kues wird bei ihm aber zu einem Denken in primär mathematischen Strukturen. Das relationale Denken stellt dessen ungeachtet insofern eine wesentliche Voraussetzung für den neuzeitlichen naturwissenschaftlichen Gesetzesbegriff dar, als das Denken in relationalen Zusammenhängen es dem menschlichen Verstand erlaubt, die Gegenstände in eine mathematisch-physikalisch fassbare Beziehung zu setzen.

In den *Meditationes de prima philosophia* erläutert Descartes ausführlich sein dualistisches Modell von Körper und Geist beziehungsweise Seele und ihrer Unsterblichkeit. Hier wird auch der Zweifel als Methode, der uns zu den unfraglichen Grundprinzipien des Denkens leitet, entfaltet. Die Existenz Gottes wird gleich durch drei Beweise dargelegt: den ideentheoretischen Beweis in der dritten Meditation, den ontologischen Beweis in der fünften Meditation und ein kurz skizziertes Kausalitätsargument am Ende der dritten Meditation. Da die *Meditationes de prima philosophia* mit den in ihnen enthaltenen erkenntnistheoretischen Ansätzen in den folgenden Kapiteln ebenso eingehend zur Sprache kommen werden wie das Verhältnis von Körper und Geist, seien an dieser Stelle nur einige Grundzüge der Gottesbeweise vorgestellt.

Descartes sichert mit der Existenz Gottes die des Körpers und der Außenwelt. Er tut dies aus einem komplexen und zunächst unverständlichen Grund: »[…] die Prämissen, aus denen auch die Unsterblichkeit der Seele gefolgert werden kann, [hängen] von der Darstellung der gesamten Physik ab: denn […] man muß wissen, daß durchaus alle Substanzen oder Dinge, die zu ihrem Dasein der Schöpfung durch Gott bedürfen, ihrer Natur nach unvergänglich sind […].« (AT VII, 13 f; Übers. Schmidt, S. 55) Die »gesamte Physik«, das weist an dieser Stelle auf seine Theorie der Materie, nach der alles Materielle auch ausgedehnt ist, und auf die Naturgesetze hin. Materie und Naturgesetze wurden von Gott geschaffen und von ihm in einem Anfang so aufeinander bezogen, dass sich aus dem ursprünglichen Chaos diese und möglicherweise noch weitere Welten gebildet haben. Der Garant und Verursacher für die materielle Welt, für die notwendigen mathematischen und metaphysischen Wahrheiten ist Gott. Er ist aber auch Quelle des Begriffs der Vollkommenheit, den der Mensch benötigt, um seine eigene Begrenztheit und damit sich selbst verstehen zu können.

Für seinen ersten Gottesbeweis in den *Meditationes de prima philosophia* wählt Descartes explizit die literarische Form der Meditation, die der des Gebetes nicht unähnlich ist: »Zu mir allein will ich reden und tiefer in mein Inneres blicken und mich so allmählich mit mir selbst bekannter und vertrauter zu machen suchen.« (AT VII, 34; Übers. Schmidt, S. 99) Die damit gewählte literarische Form – die an Augustinus' *Soliloquia* (*Selbstgespräche*) angelehnt ist, in denen dieser eine Vorform des Cogito-Argumentes präsentiert - steht in formaler Spannung zu der unmittelbar danach folgenden begrifflichen Analyse: »Ich bin ein Ding, das denkt [= Bewusstsein hat], d. h. zweifelt, bejaht, verneint, vieles nicht weiß, will und nicht will, auch bildlich vorstellt und empfindet.« (AT VII, 34; Übers. Schmidt, S. 99) Innenschau als abgeleitetes Gespräch mit Gott und präzise Begriffsanalyse werden so unvermittelt nebeneinander gestellt. Mit der angedeuteten spirituellen Aura, der gedanklichen Versenkung wird jedoch der Respekt vor der Vollkommenheit Gottes gewahrt.

Descartes definiert Gott als den Inbegriff der Vollkommenheit: Er ist unendlich, unabhängig, allwissend und allmächtig. Die Beantwortung der Frage, wie der unvollkommene Mensch zu einem Begriff oder einer Idee der Vollkommenheit gelangen kann, ist zugleich ein Beweis der Existenz Gottes, für den auch Descartes' physikalische Vorstellungen eine Rolle spielen.

Zunächst stellt er klar, dass zwar anzunehmen ist, dass es bei den meisten Vorstellungen und Begriffen, wie etwa dem der Wärme, eine Ursache, nämlich das Feuer, gibt, dass wir aber an der Existenz eines Feuers durchaus zweifeln können. Der Schluss vom Begriff der Vollkommenheit auf die Existenz eines vollkommenen Wesens wäre daher voreilig. Damit er einen überzeugenden Beweis führen kann, unterscheidet Descartes zwischen der formalen und der objektiven Realität einer Sache. Eine formale oder aktuale Realität hat etwas unabhängig davon, ob es von einem Wesen erkannt oder vorgestellt wird. Also hat auch eine Ursache, die unerkannt bleibt, formale Realität. Eine objektive Realität hat etwas, was vorgestellt, wahrgenommen oder repräsentiert wird. Die formale oder aktuale Realität der Ursache ist nicht Teil der Repräsentation der Sache. Aber meine Vorstellung oder Repräsentation von der Sache hat selbst eine konkrete, aktuale, formale Realität, und Letztere muss eine Ursache haben, deren formale Realität nicht kleiner sein kann als die der Vorstellung oder Repräsentation. Die objektive Realität Gottes ist die eines vollkommenen Wesens, einer unendlichen, allmächtigen Substanz. Mein Ich ist hingegen nur ein endliches, unvollkommenes Wesen, dessen formale Realität mithin kleiner ist als die objektive Realität Gottes. Wie kann aber ein Wesen, für das nur das Endliche wirklich ist, ein Wesen denken, dessen Wirklichkeit unendlich ist? Was soll ihm diese, seine Wirklichkeit transzendierende Vorstellung eingegeben haben, wenn nicht die formale, aktuale Realität eines vollkommen Seienden?

Dieser Beweis beruht auf der Annahme einiger kausaltheoretischer Prämissen, die in Verbindung mit Descartes' kausaltheoretischen Annahmen in der Physik zu sehen sind. Er hat allerdings in der fünften Meditation noch einen Beweis vorgelegt, der diese Annahmen nicht teilt, sondern mathematische, notwendige Sätze zum Vorbild hat. Etwas hat, damit es ein bestimmtes Etwas ist, notwendigerweise bestimmte Eigenschaften. Anders ausgedrückt, es entspricht dem Wesen einer Sache, bestimmte notwendige Eigenschaften zu haben. Ein Dreieck etwa hat notwendigerweise die Eigenschaft, dass die

Winkelsumme seiner drei Ecken derjenigen von zwei rechten Winkeln entspricht. Descartes räumt ein, dass daraus noch nicht die Existenz eines Dreieckes folgt; da der Begriff Gottes als vollkommenes Wesen jedoch auch die Eigenschaft der Existenz enthält, muss Gott existieren.

In den *Meditationes de prima philosophia* herrschen die begrifflichen Analysen und Repräsentationsmodelle vor, für die das Vorbild in der Mathematik zu finden ist. In der sechsten Meditation kommt Descartes hingegen auf die Funktion der Empfindungen und Wahrnehmungen eines denkenden Wesens in einer möglicherweise feindlichen Umwelt zu sprechen. Warum werden Gefahren, Unannehmlichkeiten und Annehmlichkeiten vom Menschen nicht auch in denkender Weise erfasst, sondern in unvollkommener, sinnlicher? Descartes gibt eine Antwort, die er in den *Passions de l'âme* (*Leidenschaften der Seele*) noch ausführlicher diskutiert und die zusammen mit dieser, seiner letzten Schrift in vorliegendem Buch noch vorgestellt werden wird. Diese Antwort verweist darauf, dass Descartes außer den physikalischen und mathematischen Erklärungen auch solche ins Auge gefasst hat, die wir heute im weitesten Sinne der Biologie zuordnen.

Descartes wiederholt den letzten, den ontologischen Gottesbeweis der dritten Meditation in den 1644 veröffentlichten *Principia philosophiae* (*Prinzipien der Philosophie*). Dieses Werk widmet er Elisabeth von der Pfalz, mit der ihn seit 1642 eine andauernde Freundschaft und ein reger Gedankenaustausch verbindet. So mag es nicht zuletzt Elisabeths beharrliches Fragen nach dem Verbindenden zwischen Körper und Geist gewesen sein, das Descartes veranlasste, sich mit dieser Schwachstelle seines Theoriengebäudes sowohl in den *Principia philosophiae* als auch in den *Passions de l'âme* noch einmal eingehender zu beschäftigen.

In den *Principia philosophiae* sind vor allem noch einmal Descartes' metaphysische und physikalisch-kosmologische Überlegungen ausgeführt. Daneben finden sich aber auch

Andeutungen zu seinem Ethikverständnis, das er in den *Passions de l'âme* eingehender erläutert. Die thematische Zusammenstellung in den *Principia philosophiae* erläutert er im Vorwort der französischen Ausgabe, wo es heißt, dass das vollständige Verständnis der Wissenschaften eine Voraussetzung ist, um zu einer vollkommenen Moral zu gelangen, was er als das höchste zu erstrebende Ziel angibt. (AT IX-2, 14) Die gesamte Philosophie sei wie ein Baum, dessen Wurzeln die Metaphysik, dessen Stamm die Physik und dessen Zweige alle übrigen Wissenschaften und Disziplinen wie die Medizin, die Mechanik und die Ethik seien. (AT IX-2, 14) Diese Zusammenhänge sind nicht leicht zu verstehen. Zunächst muss man sich klar machen, dass Descartes unter »Moral« keine Moraltheorie im heutigen Sinne versteht, keine Theorie, die sich mit dem Guten und Gerechten befasst und den sich daraus eventuell ergebenden sozialpolitischen Erwägungen. Bei Descartes ist Moral vielmehr eine Ethik im Sinne einer Reflexion des eigenen richtigen Handelns und der Lebensführung. Um diese Überlegungen theoretisch entfalten zu können, muss er daher vernünftiges Denken mit dem dazugehörigen Handeln in Verbindung setzen, was bedeutet, dass das Denken einen Einfluss auf das Handeln nehmen können muss.

Damit sind wir wieder bei der Aufspaltung in Körper und Geist angelangt, d. h. bei den metaphysischen und physikalisch-mechanischen Annahmen, die damit verbunden sind. Der Körper muss die Handlungen ausführen, die der Verstand oder die Vernunft als richtig erkannt hat. Das Erkennen allein führt aber noch nicht dazu, dass das, was als richtig eingesehen wurde, auch umgesetzt wird, es bedarf darüber hinaus des Willens, um der Vernunft zu ihrer Geltung zu verhelfen. Descartes führt mithin noch eine weitere Instanz ein, die im Zusammenspiel von Körper und Geist eine entscheidende Rolle spielt: den Willen.

Die Ethik, die er anstrebt, ist allein auf das Individuum bezogen. Überlegungen zu Veränderungen in Gesellschaft, Politik oder Kirche kommen nicht vor. Im Gegenteil, im *Discours de la méthode* fordern die letzten beiden Maximen sogar ausdrücklich dazu auf, sich selbst und die eigenen Begierden zu kontrollieren und nicht sein Schicksal oder die Welt zu verändern. Und zudem soll man die eigene Vernunft entwickeln und nach Wahrheit streben. Später, in den *Passions de l'âme* wird er schreiben, dass nur, wer gelernt hat, seine Emotionen mithilfe des freien Willens zu beherrschen und sich als autonom Handelnder zu verstehen, den Zustand der Selbstachtung und einer großmütigen Geisteshaltung erreichen wird. (AT XI, 445 f.) Das setzt, wie Descartes selbst sagt, eine genaue Analyse der menschlichen Natur voraus, um so ein besseres Verständnis der eigenen und fremden Handlungsmöglichkeiten zu gewinnen.

Diese Natur des Menschen hat Descartes nun bekanntermaßen als Einheit von Geist und Körper bestimmt, weshalb er sich mit der Analyse dieser beiden Faktoren, dem unkörperlichen Geist und dem ausgedehnten, materiellen Körper, in vier Kapiteln der *Principia philosophiae* ausführlich beschäftigt. Gemeint ist hier allerdings noch nicht der menschliche Körper im Speziellen, dem er sich in den *Passions de l'âme* widmen wird, sondern der physikalische Körper im Allgemeinen.

An den Anfang der *Principia philosophiae* setzt Descartes das Kapitel »Prinzipien der menschlichen Erkenntnis«. Thematisch ordnet er es der Ersten Philosophie oder Metaphysik zu. Dann schließen sich drei Teile an, die alles enthalten, was es in der Physik von höchster Allgemeinheit gibt. Hier erklärt er die ersten Gesetze oder Prinzipien der Natur sowie die Art und Weise, wie der Himmel, die Fixsterne, die Planeten, die Kometen und überhaupt das ganze Universum sich zusammensetzen. Schließlich beschäftigt er sich mit der Natur dieser Erde, der Luft, des Wassers, des Feuers, der Magneten und aller Qualitäten, die wir in diesen Körpern entdecken; z. B. Licht, Wärme, Schwere. (AT VIII-1, 203–329)

Der menschliche Körper ist ein Körper unter anderen Körpern des Universums und für ihn gelten dieselben Gesetze wie für die anderen. Daher müssen zunächst die für alle Körper geltenden Gesetze studiert werden, bevor man sich dem menschlichen Körper und seiner Mechanik im Besonderen zuwendet. In den *Passions de l'âme* stellt Descartes eine Analyse der Mechanik des Körpers und der Leidenschaften vor, die ihn erneut zu der Frage führt, wie der Geist auf den Körper und die Leidenschaften Einfluss nehmen kann. Ein solcher Einfluss ist notwendig, damit das umgesetzt wird, was der Geist als richtig erkannt hat. Wir stoßen in dieser – in der Descartes-Forschung bisher wenig beachteten – Schrift auf einen gewissen Bruch mit seiner physikalisch-mechanistischen Welterklärung, der sich in der sechsten Meditation bereits angedeutet hat, in der er die Funktion der Sinne und Empfindungen durchdenkt. Die physikalische Sichtweise wird an diesen Stellen zugunsten einer ökologisch-biologischen Sichtweise durchbrochen.

Wie der Körper in einer Umwelt überlebt, ist die Frage, die hier aufgeworfen und mit der Funktion der Sinne, Empfindungen und Leidenschaften beantwortet wird. Die Empfindungen und Leidenschaften zeigen dem Körper an, was für ihn nützlich oder schädlich sein könnte, und führen zu einer Handlungsentscheidung wie Flucht oder Angriff. Welche Tugend (Mut/Angriff oder Furcht/Flucht) sich entfaltet, hängt nach Descartes nicht nur vom Willen eines Menschen ab, sondern durchaus auch davon, wie der Körper, insbesondere das Gehirn, eines Menschen beschaffen ist. In diesem Zusammenhang beschäftigt ihn zuerst die Frage nach der Funktion von Leidenschaften für das Überleben des Körpers und des Geistes. Erst dann widmet er sich der Frage, wie eine Person ihren Charakter vervollkommnen kann.

Das könnte ein Indiz dafür sein, dass der naturwissenschaftliche Erklärungsansatz, in diesem Fall der biologische, auch in dieser Schrift für Descartes wichtiger ist als ein mögliches ethisches Anliegen, das sich in antiker Tradition auf die Selbstwerdung und Vervollkommnung des Individuums konzentriert. Und so schreibt er später in den *Passions de l'âme*, man könne sein Naturell oder seine Natur hinsichtlich der Emotionen oder Leidenschaften korrigieren, indem man sich darin übe, die Bewegungen der Lebensgeister und des Blutes zu beeinflussen. (AT XI, 431) Da die Lebensgeister für Descartes sehr kleine Bestandteile des Blutes, also ebenfalls Körper sind, folgt er letztlich auch hier zunächst einem mechanistischen Modell des Körpers. In dem er die Wechselbeziehung des Menschen mit seiner Umwelt für maßgeblich bei der Erklärung der Funktion von Emotionen hält, gelangt er zu einer Ökologisierung von Emotionen. Eine genauere Diskussion dieser Zusammenhänge erfolgt im vorliegenden Band in dem Kapitel »Ethik und mechanistische Physiologie – Mensch und Körper«.

Die Bestimmung der »Liebe« und des »höchsten Gutes« lässt sich Königin Christine von Schweden von Descartes brieflich darlegen, ehe sie ihn 1649 nach Stockholm einlädt. Im »Land der Bären« hat sich Descartes allerdings nicht wohl gefühlt. Dazu hat mutmaßlich nicht nur das raue Klima beigetragen, sondern auch der Umstand, dass er, der zeitlebens ein Langschläfer war und selbst als Schüler in La Flèche das Privileg genoss, ausschlafen zu dürfen, in Stockholm zwei- oder dreimal in der Woche um fünf Uhr bei der Königin erscheinen musste, um mit ihr über philosophische Fragestellungen zu diskutieren. Descartes, der selbst nach dem späten Aufwachen stets im Bett geblieben war, um dort in sitzender Stellung vor dem Aufstehen zu lesen und zu schreiben, muss das als eine Art Folter empfunden haben.
Anfang des Jahres 1650 erkrankt Descartes und stirbt am 11. Februar im Alter von 53 Jahren in Stockholm.

Methode

Für den Prozess der Wahrheitsfindung verlangt Descartes, dass man sich auf seinen eigenen Verstand und auf sonst nichts verlässt. Andere Meinungen, andere Traditionen oder Ansätze der Erklärung einzubeziehen, sich gar auf sie zu verlassen, ist für ihn ein sicherer Weg zur Verwirrung, der von der Wahrheit fortführt, jedenfalls niemals zu ihr hin. Er betont dies an mehreren Stellen, u.a. auch dort, wo er schildert, wie er seine Methode, zu sicheren Erkenntnissen zu gelangen, entdeckt hat:

»Ich befand mich damals in Deutschland, wohin mich die Kriege, die dort nicht beendet sind, gerufen hatten, und als ich von der Kaiserkrönung zur Armee zurückkehrte, hielt mich der Winteranfang in einem Quartier fest, wo ich [...] den ganzen Tag allein in einer warmen Stube eingeschlossen blieb und hier all die Muße fand, um mich mit meinen Gedanken zu unterhalten. Unter diesen war einer der ersten, den ich mir zu bedenken vornahm, derjenige, daß die aus mehreren Stücken zusammengesetzten und durch die Hand verschiedener Meister erstellten Werke oft nicht so vollkommen sind wie diejenigen, an denen nur ein einzelner gearbeitet hat. Ebenso sieht man, daß Bauten, die ein Architekt allein unternommen und vollendet hat, für gewöhnlich schöner und besser geordnet sind als solche, die mehrere zu verbessern versucht haben, indem sie sich alter Mauern bedienten, die zu anderen Zwecken gebaut worden waren. Ebenso sind jene alten Städte, die anfänglich nicht mehr als Burgflecken waren und erst im Verlauf der Zeit zu großen Städten angewachsen sind, für gewöhnlich – im Vergleich zu jenen regelmäßigen Anlagen, die ein Ingenieur frei entwerfend in eine Ebene zeichnet – so schlecht abgesteckt, daß man zwar, erwägt man jedes ihrer Gebäude für sich, oft ebensoviel oder mehr Kunstfertigkeit als in den anderen Städten findet; sieht man aber, wie sie [die Gebäude] angeordnet sind, hier ein großes, dort ein kleines, und wie sie die Straßen krumm und uneben machen, so würde man meinen, daß es eher der Zufall als der Wille von einigen Menschen, die ihre Vernunft gebrauchen, war, der sie derart angeordnet hat.« (AT VI, 11; Übers. Ostwald, S. 27) »Und ebenso dachte ich, daß die Wissenschaften, die sich in den Büchern finden, zumindest die, deren Gründe bloß wahrscheinlich sind, die keine Beweise anführen und die sich bloß aus Meinungen mehrerer verschiedener Personen nach und nach zusammengesetzt haben und dadurch angewachsen sind, sich der Wahrheit nicht so annähern wie die einfachen Überlegungen, die ein Mann von gesundem Verstand auf natürliche Weise hinsichtlich der sich zeigenden Dinge anstellen kann.« (AT VI, 12 f; Übers. Ostwald, S. 29) »[…] denn es ist viel wahrscheinlicher, daß ein Mann allein [die Erkenntnis] findet als ein ganzes Volk –, deshalb konnte ich mir niemanden auswählen, dessen Meinungen denen eines anderen scheinbar vorgezogen werden müßten, und ich fand mich gleichsam gezwungen, meine Führung selbst in die Hand zu nehmen." (AT VI, 16; Übers. Ostwald, S. 35/37)

»Verlass dich auf deinen eigenen Verstand« könnte man diese Abschnitte vielleicht überschreiben, wenn das nicht bereits zu sehr nach dem kantischen Aufruf, sich seines eigenen Verstandes zu bedienen, klingen würde und wir damit nicht in Gefahr wären, erst später eingetretene Entwicklungen der Geistesgeschichte in Descartes' Denken hineinzulesen. Aber was meint Descartes, wenn er uns auffordert, unseren gesunden Menschenverstand, der eine der bestverteilten Sachen der Welt ist, zu benützen? Er geht davon aus, dass das rationale Denken naturgegeben ist, dass man es lediglich auf seine angeborenen Grundlagen hin untersuchen muss und hinsichtlich der Frage, in welchem Verhältnis diese zur Welt stehen, die es zu erkennen gilt.

Das Werk vieler kann nicht so vollkommen sein wie das des Einzelnen. Ein ausführlicher Dialog mit den Vorfahren stiftet nach Descartes eher Verwirrung und verhindert sowohl gedankliche als auch ästhetische Klarheit und Distinktion.

Auf die umstrittene Verbindung von Tradition und Stadtentwicklung geht bemerkenswerterweise auch Ludwig Wittgenstein (1889–1951) ein. In seinen *Philosophischen Untersuchungen* vergleicht er die Sprache mit einer alten Stadt: »Unsere Sprache kann man ansehen als eine alte Stadt. Ein Gewinkel von Gäßchen und Plätzen, alten und neuen Häusern, und Häusern mit Zubauten aus verschiedenen Zeiten; und dies umgeben von einer Menge neuer Vororte mit geraden und regelmäßigen Straßen und mit einförmigen Häusern.«[3] Wittgenstein ist hier anderer Auffassung als Descartes, die gleichzeitig gebauten und geplanten Neubauten der Vororte bezeichnet er als einförmig, während sie für Descartes »schöner und besser geordnet« sind. Bei Wittgenstein weist die Stadtmetapher darauf hin, dass die Sprache nicht einer zuvor festgelegten Logik folgt, weshalb wir uns mit der vorgefundenen Sprache und mit dem dadurch Tradierten auseinander setzen müssen, wenn wir ihre Funktionsweise verstehen wollen. Nun ist Wittgenstein auch nicht gerade ein Musterbeispiel für historische Arbeitsweise oder Methode. Er lässt aber das historisch Entstandene als vernünftig gelten, weil die Sprache, die damit verbundene Begrifflichkeit und die dieser inhärente Logik das ist, was die Vernunft prägt. In diesem Sinne gibt es keine unhistorische Vernunft. Das Tradierte wird bei Wittgenstein nicht als dasjenige angesehen, was es zu überwinden gilt, um besser verstehen und erkennen zu können, sondern als Teil dessen, was unsere Verstehensmöglichkeiten ausmacht.

Ein Vorwurf an die Adresse Descartes', dass er keine historisch-kritische Dimension der Philosophie kennt, wäre aber sicherlich vollkommen fehl am Platz. Descartes lehnt in Abwehr der scholastischen Tradition, die er für absolut unfruchtbar hält, jeden Bezug auf Tradition ab. Diese Einschätzung bezieht sich auf alle Bereiche des scholastischen Wissens, der von der Scholastik angewendeten Methoden und Annahmen. Er kritisiert die Syllogistik, weil sie aus Obersätzen nur das ableitet, was als Konklusion dann geschlossen wird. Der Obersatz enthält mithin bereits alles, was der Schlusssatz beweisen soll, und daraus lässt sich laut Descartes kein neues Wissen gewinnen.

Darüber hinaus äußert er sich sehr abfällig über die scholastische Weise der Naturerklärung, die sich an die aristotelische Physik anlehnt. Mit ihren Erklärungen, die vor allem auf einer Lehre von Formen und Qualitäten beruhen, wird Descartes zufolge nichts erklärt. Der Hylemorphismus (= aristotelische Lehre von Form und Materie) der Spätscholastik sollte sowohl erklären, warum etwas das ist, was es ist, als auch warum sich etwas bewegt. Die Form ist in dieser Konzeption, das, was Materie mit wesentlichen, unveränderlichen Eigenschaften versieht und ein Stück Materie zu dem macht, was es ist, zum Beispiel ein Stuhl.

Die Bewegung eines Körpers kommt nach dieser Lehre zustande, indem die Materie, die an sich nur Potenzialität ist und ohne Form nicht wirklich (aktual) ist, »aktualisiert« und damit aktiv wird. Über solche Begriffsspielereien spottet Descartes vor allem in seinen Briefen an andere Gelehrte und Gesprächspartner. Hier wird besonders deutlich, inwiefern er die Scholastik ablehnt und damit alles, was mit deren methodischem Vorgehen in Zusammenhang steht – d. h. den Verweis auf Autoritäten, den Vergleich verschiedener Lehrmeinungen und die Verfeinerung eines tradierten Begriffsinstrumentariums, das hinsichtlich seiner unmittelbaren Anwendbarkeit und Erklärungskraft nicht hinterfragt wird.

Dass Descartes durchaus selbst an Entwicklungen teilhat, die an die Scholastik anknüpfen, sei hier nur erwähnt. Seine vehemente Ablehnung der Traditions- und Autoritätsbezogenheit der Scholastik hingegen hilft zu zeigen, warum er »in seinem Innersten geschichtsfeindlich« ist und eine starke Abneigung gegen die aus seiner Sicht nutzlosen Wissenschaften Philologie und Historie hegt.[4] Diese Disziplinen können den Menschen nicht zu sicherer Erkenntnis führen, sondern belassen ihn in Zweifeln und Irrtümern, von denen sich Descartes mithilfe seiner Methode befreien möchte.

Ehe wir uns nun dem methodischen Zweifel bei Descartes

zuwenden, muss kurz dargelegt werden, dass dieser nicht nur einem antischolastischen Reflex erwachsen ist, sondern auch aus seiner Auseinandersetzung mit dem zeitgenössischen Skeptizismus. Im 16. Jahrhundert wird der antike Skeptizismus wieder entdeckt. Die skeptische Frage, ob ein sicheres System des Wissens möglich ist, wird zu einer der drängenden philosophischen Fragestellungen der Zeit. Descartes sucht daher nach einem archimedischen Punkt des Wissens, einem unbezweifelbaren Wissen, das jedem Zweifel standhält. Um dahin zu gelangen, lässt er sich zunächst vollständig auf die Position des radikalen Zweiflers, des radikalen Skeptikers ein. Er tut dies, um zu prüfen, woran man zweifeln kann und woran man nicht zweifeln kann. Dieses Vorgehen wird später »methodischer Zweifel« genannt werden. Es handelt sich um eine radikale skeptische Prüfung all dessen, was man zu wissen meint, und führt Descartes zum »cogito ergo sum« (Ich denke, also bin ich) als sicherer Grundlage des Wissens. Diese Grundlage ist eine, die sich nicht bezweifeln lässt, weil sie selbstevident ist und damit weder postuliert noch hergeleitet werden muss.

Wie aber kann sich die Gewissheit, die mit einer solchen Grundlage gefunden wurde, auf die Wissenschaften auswirken? Descartes formuliert im zweiten Teil des *Discours de la méthode* vier Prinzipien, die eine solche Wirkung sicherstellen sollen:

(1) »Die erste Vorschrift besagte, niemals irgendeine Sache als wahr zu akzeptieren, die ich nicht evidentermaßen als solche erkenne; dies bedeutet, sorgfältig Übereilung und Voreingenommenheit zu vermeiden und in meinen Urteilen nicht mehr zu umfassen als das, was sich so klar und so deutlich meinem Geist vorstellt, daß ich keine Möglichkeit hätte, daran zu zweifeln.«

(2) »Die zweite besagte, jede der Schwierigkeiten, die ich untersuchen würde, in so viele Teile zu zerlegen, wie es möglich und wie es erforderlich ist, um sie leichter zu lösen.«

(3) »Die dritte besagte, meine Gedanken mit Ordnung zu führen, in-

dem ich mit den am einfachsten und am leichtesten zu erkennenden Dinge beginne, um nach und nach [...] bis zu der Erkenntnis der am meisten zusammengesetzten aufzusteigen [...].«

(4) »Und die letzte besagte, überall so vollständige Aufzählungen und so allgemeine Übersichten herzustellen, daß ich versichert wäre, nichts wegzulassen.« (AT VI, 18 f; Übers. Ostwald, S. 39–41)

Die erste Regel haben wir, insofern sie über Evidenz handelt, als Ergebnis der Beschäftigung mit skeptischen Positionen indirekt bereits kennen gelernt. Evident ist bei Descartes ein Satz, wenn er auf keine weiteren Sätze oder Überlegungen gestützt werden muss. Damit ist auch das Wahrheitskriterium berührt. Denn evidente Sätze bedürfen keiner weiteren Begründung, und wahre Sätze, die klar und deutlich sind, können unmöglich falsch sein, da sie notwendig wahr sind.

Die zweite Regel ist einfacher zu verstehen. Sie besagt, dass man die Komplexität der Problemstellungen möglichst auf das Einfache reduzieren soll, um sie einer Lösung näher zu bringen. Die dritte Regel beinhaltet dann ausgehend vom Einfachen den Wiederaufstieg zur Komplexität. Und die vierte stellt schließlich sicher, dass man das Gebiet, das es auf diese Weise zu erkennen gilt, auch vollständig präsentiert hat.

Zunächst noch einmal etwas ausführlicher zu der ersten, der so genannten Regel der Evidenz. Es mag Verwunderung hervorrufen, dass Descartes zufolge der Vernunftgebrauch durch den Einzelnen zu besseren oder richtigeren Ergebnissen führen soll, als wenn sich viele ihrer Vernunft bedienen. Wenn der Einzelne über Vernunft verfügt, warum sollte das Denken von vielen, die über Vernunft verfügen, dann zu schlechteren Ergebnissen führen? Warum können nicht mehrere Menschen gemeinsam mithilfe der gerade vorgestellten Methodologie Wissenschaft betreiben? Die Antwort auf diese Frage ist eng mit der Bedeutung der Evidenzregel für die methodologischen Regeln und die Erkenntnistheorie verknüpft.

Die Antwort Descartes' auf den Skeptizismus besteht darin, mittels des methodischen Zweifels zu einem unbezweifel-

baren, selbstevidenten Fundament des Wissens zu gelangen. Er findet in seiner Erkenntnistheorie ein solches Fundament in dem Satz »cogito ergo sum« (Ich denke, also bin ich). Evidente Sätze sind, wie bereits erwähnt, generell solche, die nicht auf andere Sätze oder Überlegungen gestützt werden müssen. Das Moment der Evidenz ist daher etwas, was sich dem Erkennenden unmittelbar bietet und nicht vermittelt über weitere Beweise, Nachweise oder Herleitungen. Damit ist auf den Erkennenden verwiesen, da sich die Evidenz nur beim Einzelnen einstellen kann. Eine Gemeinschaft von Denkenden hat diese Evidenz nicht als Gemeinschaft, vielmehr hat jedes Mitglied der Gemeinschaft sie für sich.
Dieses Bild wird ein wenig modifiziert, wenn man das zweite Merkmal der ersten Regel näher betrachtet. Denn in der ersten Regel wird das Moment der Evidenz mit dem Wahrheitskriterium der Klarheit und Deutlichkeit verbunden: »[...] dies bedeutet, sorgfältig Übereilung und Voreingenommenheit zu vermeiden und in meinen Urteilen nicht mehr zu umfassen als das, was sich so klar und so deutlich meinem Geist vorstellt, daß ich keine Möglichkeit hätte, daran zu zweifeln.« Descartes definiert die Begriffe »klar« und »deutlich« nicht, aber aus den Kontexten, in denen er diese Formulierung gebraucht, lässt sich entnehmen, dass etwas, was klar und deutlich erfasst ist, unmöglich anders oder falsch sein kann, sondern notwendig wahr ist. Daher lassen sich auch nur diejenigen Eigenschaften einer Sache klar und deutlich erkennen, die dieser Sache notwendig zukommen; die wesentlich dafür sind, dass sie so ist wie sie ist. Bei einem Dreieck wäre dies etwa der Umstand, dass es drei Ecken hat und die Winkelsumme 180 Grad beträgt.
Die Modifikation der Betonung des erkennenden Subjektes ist darin zu sehen, dass sich das, was klar und deutlich ist – also notwendig so ist, wie es ist –, aus der Sache ergibt. Zwar muss das erkennende Subjekt die Klarheit und Deutlichkeit erfassen, aber sie ist abhängig vom Erkenntnisgegenstand.
Die beiden Merkmale der ersten Methodenregel, die nun noch

nicht angesprochen wurden, sind Übereilung und Voreingenommenheit. »Voreingenommenheit zu vermeiden« besagt, dass man sich davor in Acht nehmen soll, die Urteile und Meinungen anderer einfach zu übernehmen. Diese Forderung verweist uns mithin sowohl auf die Anfänge der Aufklärung, die eben dies auch fordert, als auch auf Descartes' Ablehnung tradierter Erkenntnis- und Forschungsweisen sowie tradierter Methoden. Die tradierten Methoden und Erkenntnisweisen stellen für Descartes Fesseln dar, von denen er sich befreien muss, um zur wahren Natur der Dinge vorzudringen. Die tradierte Naturerkenntnis hemmt ihn dabei ebenso wie die tradierte Weise des Philosophierens. Das in den Wissenschaften und der Philosophie Vorgefundene hindert den Menschen nach Descartes daran, seinen gesunden Menschenverstand einzusetzen, weshalb er sich vom Vorgefundenen lösen muss.

Wir haben gesehen, dass Descartes in seiner Ablehnung des Tradierten so weit geht, alles, was kontingent entstanden ist, abzulehnen, beispielsweise auch das Nebeneinander der im Laufe der Zeit entstandenen architektonischen Formen. In kontingent entstandenen und beibehaltenen Überlieferungen sieht er eine Irrtums- oder Fehlerquelle: zum einen, weil sich die Gründe für die ehemals angewandten Prinzipien und Handlungsroutinen nicht mehr nachvollziehen lassen, zum anderen können sie sich widersprechen. Und aus diesen Widersprüchen ergibt sich dann auch Falsches, Chaotisches und Irrtümliches. Bei der Darlegung seiner Methode geht Descartes im *Discours de la méthode* darauf allerdings nicht ein.

Aus diesen Ausführungen allein lässt sich auch nicht entnehmen, was er mit der »Übereilung« meint, die es zu vermeiden gilt. Da ein sich zu weit erstreckender und damit überschießender Wille in der vierten Meditation von Descartes als Irrtumsquelle benannt ist (AT VII, 58), muss auch der Hinweis auf die Übereilung im *Discours de la méthode* in diesem Sinne gelesen werden.[5]

Die drei letzten Regeln überträgt Descartes als Verfahren der Synthese und Analyse aus der Mathematik – der für ihn gültigen Leitwissenschaft – auf die übrigen Wissenschaften. Die Mathematik ist für ihn deshalb die Leitwissenschaft, weil ihre notwendigen Sätze gewisse Sätze sind. Die methodischen Regeln, die er aus der Mathematik übernimmt, haben im Wesentlichen die Verfahren der Analyse und Synthese zum Inhalt. Die zweite Regel besagt ja, dass man die Komplexität einer Fragestellung reduzieren soll. Dafür müssen die Begriffe und Aussagen, die damit in Zusammenhang stehen, analysiert werden. Das bedeutet, dass sie in ihre einfachsten oder kleinsten Teile zu zerlegen sind.

Die dritte Regel gibt ein Verfahren der Synthese an. Die einfachen Aussagen, die man mittels Analyse gefunden und als wahr erkannt hat, werden in einem weiteren Schritt wieder zu komplexeren Zusammenhängen zusammengesetzt. Damit dieser Aufstieg zur Komplexität auch wieder zu richtigen Aussagen führt, reicht es aber nicht, die einfachen richtigen Aussagen in beliebiger Weise zusammenzusetzen. Dies muss vielmehr gemäß einer Ordnung geschehen. Diese Ordnung ist, wie Descartes unter anderem sehr deutlich in einem Brief an Marin Mersenne schreibt, keine Ordnung der Materie, sondern eine Ordnung der Vernunftgründe. (AT III, 266)

Die Parallele zur Mathematik, insbesondere zur Geometrie, besteht darin, dass man auch dort mit evidenten Axiomen anfängt, um daraus dann weitere Sätze abzuleiten und damit zu beweisen. Um zu den einfachen evidenten Ausgangssätzen zu kommen, muss man nach Descartes allerdings erst eine Analyse vornehmen.

Wie festgestellt, soll die vierte Regel sichern, dass man das Gebiet, das es zu erforschen und zu erkennen gilt, auch ganz erfasst. Mit dieser Regel wird zum einen ausgedrückt, dass Teilerkenntnis noch keine vollständige Erkenntnis ist. Zum anderen wird damit aber auch dazu angehalten, das Erkannte übersichtlich zu ordnen und zu präsentieren, um den (Nach-)Vollzug dieser Erkenntnis zu erleichtern.

Descartes hat diese allgemeinen Methodenregeln den drei wissenschaftlichen Arbeiten *La Dioptrique, Les Météors* und *La Géométrie* vorangestellt. Und obgleich sie nicht sehr detailliert sind und daher für die Zeitgenossen nicht direkt anwendbar gewesen sein dürften, prägen sie bis heute das Descartes-Bild.

Geist und Natur

Um das Verhältnis von Geist und Natur bei Descartes zu erläutern, muss zunächst das Verhältnis von Cogito und Bewusstsein dargelegt werden, aber auch das von Welt und Natur. Wie Descartes die beiden bei ihm getrennten Bereiche Geist und Natur aufeinander bezogen hat, lässt sich dann in einem weiteren Schritt zeigen.

Das fundamentalste, weil selbstevidente Prinzip bei Descartes ist das »cogito ergo sum«, das in den *Meditationes de prima philosophia* in dem Satz »ego sum, ego existo« enthalten ist. Zu diesem Prinzip führt ihn der methodische Zweifel. Descartes setzt den radikalen methodischen Zweifel an, um klären zu können, wie wir zu Erkenntnis und Wissen gelangen. Er legt daher in der ersten Meditation dar, woran man zweifeln kann. Als Erstes nennt er dabei Wahrnehmungsurteile und als Zweites Existenzurteile. Das heißt, dass er zuerst an den Urteilen zweifelt, zu denen wir unter Beteiligung unserer Sinneseindrücke gelangen, also an dem, was wir sehen, hören, riechen, spüren.[6] Dann radikalisiert er seinen Zweifel, indem er sogar daran zweifelt, dass die Dinge, die Gegenstand der zweifelhaften Urteile sind, existieren. Ist etwa der Baum, den wir zu sehen meinen, existent?

Er zweifelt also nicht nur daran, dass das Urteil, nach welchem wir einen Baum sehen, wahr respektive zutreffend ist, sondern auch an der Existenz des Baumes. Diesen Existenzzweifel bezieht Descartes in einem weiteren Schritt schließlich auf die Existenz seines eigenen Körpers. Existiert etwas, von dem ich zu sehen und zu spüren meine, dass es in einer warmen Stube in einem Sessel sitzt?

Wenn dieser Zweifel radikal genannt wird, dann nicht nur deshalb, weil er sich auch auf die eigene Existenz bezieht, sondern weil er sich gleichzeitig auf alles bezieht. Ausgeschlossen wird nämlich, dass der Zweifel nur ein partieller sein könnte. Das wäre er, wenn die Täuschung nur deshalb möglich wäre, weil wir alles, worüber wir getäuscht werden – der warme Raum, der Sessel, Arme und Beine – einmal wahrgenommen und empfunden hätten, diese Objekte daher existieren müssten und die Täuschung zeitlich oder räumlich partiell wäre. Da ein »böser Geist« über alles täuschen kann, ist dieser Einwand ausgeräumt. Er kann über alles täuschen, was wir mit den Sinnen wahrnehmen können.

Und selbst über die Kategorien wie Ausdehnung, Quantität, Größe, Ort und Zeit kann der böse Geist täuschen. Man sollte annehmen, dass die Kategorien eine Voraussetzung dafür sind, dass man sich etwas einbilden kann oder dafür, dass man ein Bild, wenn auch ein falsches, von etwas hat. Doch der böse Geist kann sogar über Urteile täuschen, die nicht mithilfe der Wahrnehmung zustande gekommen sind. Die eindringlichsten Beispiele, die Descartes dafür anführt, sind solche aus der Mathematik. Descartes geht so weit anzunehmen, dass der böse Geist darüber täuscht, dass 2 + 3 = 5 sind oder ein Quadrat immer vier Seiten hat. (AT VII, 20; Übers. Gäbe, S. 36)

Der radikale Zweifel erlaubt also einen Zweifel an allen bisher als wahr angenommenen Urteilen. Dies wiederum führt zur Suche nach einer unumstößlichen Grundlage für Erkenntnis. Descartes findet diese Grundlage in der Feststellung »ego sum, ego existo« (Ich bin, ich existiere) (AT VII, 25)[7], die, wann immer man sie ausspricht, notwendig wahr ist. Die Frage, was dieses Ich ist, beantwortet er sich selbst schließlich damit, dass es menschlicher Geist, ein denkendes Wesen ist. Für ihn besteht das Fundament der Erkenntnis also im menschlichen Geist, so dass er nun erklären muss, was der menschliche Geist ist. Ehe Descartes sich allerdings dazu äußert, reflektiert er darüber, was der menschliche Geist tut.

Dass man existiert, wenn man denkt, ist für Descartes selbstevident.[8] Denn sogar wenn man denkt, man werde getäuscht, denkt man etwas – und es muss etwas geben, was in seinen Urteilen getäuscht wird: »Nun, wenn er mich täuscht, so ist es also unzweifelhaft, daß ich bin. Er täusche mich, soviel er kann, niemals wird er doch fertigbringen, daß ich nichts bin, solange ich denke, daß ich etwas sei.« (AT VII, 25; Übers. Gäbe, S. 43) Der Satz »Ich bin, ich existiere« ist notwendig wahr, da sich keine Situation denken lässt, in der er nicht wahr wäre. Von der Unbezweifelbarkeit des Denkaktes gelangt Descartes also über die Existenzsicherheit zur Wahrheit.

Der Denkakt kann in vielerlei Akten bestehen, im Zweifeln, Wollen, Bejahen, Vorstellen, Erinnern oder Empfinden. (AT VII, 28) »Ich erinnere mich, daher bin ich« wäre dementsprechend als Schluss genauso gültig wie »Ich empfinde, daher bin ich« und wie »Ich denke, daher bin ich«.[9] Für Descartes handelt es sich auch in den Fällen des Erinnerns oder des Empfindens, des Zweifelns und des Wollens um Denkakte oder geistige Akte (cogitationes).

Über Akte, die keine Denkakte, sondern körperliche Handlungen sind, wie Schreiben, Spazieren, Atmen, kann man sich hingegen täuschen. Schlüsse wie »Ich atme, daher bin ich« sind deshalb nicht gültig.

Es kommt dabei nicht darauf an, was gedacht beziehungsweise was empfunden oder bezweifelt wird, sondern darauf, dass gedacht, empfunden, bezweifelt, gewollt oder vorgestellt wird. Denn darüber, dass ein Denkakt stattfindet, kann der böse Geist nicht täuschen, weil auch Zweifeln bereits ein Denkakt ist. Ob man nun an der Existenz eines Baumes zweifelt oder an der einer Blume ist dabei nebensächlich.

Entscheidend für die Unbezweifelbarkeit des Denkaktes ist zudem, dass die Denktätigkeit gegenwärtig stattfindet und nicht in der Vergangenheit stattgefunden hat oder in der Zukunft stattfinden wird. Denn auch darüber, dass ich gestern gedacht habe, könnte mich der böse Geist täuschen – vielleicht habe ich gestern nicht existiert; und wer weiß, ob ich morgen existieren werde.

Descartes hat damit einen archimedischen Punkt des Denkens gefunden, von dem aus er seine Erkenntnistheorie und die einzelnen naturwissenschaftlichen Disziplinen aufbauen kann. Und da der Satz »cogito ergo sum« unbezweifelbar, d. h. klar und deutlich ist, ist er auch wahr. Es lassen sich nicht alle anderen wahren Sätze aus diesem Satz ableiten, aber mit ihm ist für Descartes sichergestellt, dass es etwas Zweifelsfreies, Wahres gibt und Erkenntnis überhaupt möglich ist.

Das Verhältnis von Geist, Bewusstsein und Denken bei Descartes ist, wie könnte es anders sein, in durchaus unterschiedlicher Weise verstanden worden. Einerseits wird die Auffassung vertreten, dass man »das cogito immer mit ›mir ist etwas bewußt‹ übersetzen [sollte] und nicht mit ›Ich denke‹«, weil das bis heute »rationalistische Mißverständnisse nahe legt«[10]. Andererseits wird hervorgehoben, dass der Begriff »conscientia« bei Descartes die Denktätigkeit charakterisiere und keinesfalls mit dem Geist gleichgesetzt werde.[11] Aber vielleicht lässt sich für diese beiden Interpretationen noch ein gemeinsamer Nenner finden.
Descartes unterscheidet verschiedene Arten des Bewusstseins bereits in einer Weise, wie wir sie auch aus der gegenwärtigen Diskussion über die Philosophie des Geistes kennen. Dort wird beim Bewusstsein zwischen Aktualbewusstsein (sensorische Erfahrungen, Emotionen, Denken, Erinnern) und Hintergrundbewusstsein (Erleben der eigenen Identität, Erleben des Körpers als eigenen, Autorschaft bezüglich der eigenen mentalen Akte und Handlungen, Verortung des eigenen Körpers in Raum und Zeit, Differenzierungsvermögen zwischen Realität und Vorstellung) unterschieden. Eine weitere Differenzierung ist die in subjektive Erfahrung (z. B. sensorische Erfahrung), reflexives Bewusstsein (Gedanken zweiter Stufe über Gedanken erster Stufe) und Aufmerksamkeit (Wachsamkeit, Aktivierung des Zentralnervensystems).
Was bei Descartes das unmittelbare, direkte Bewusstsein ist, wie es auch Kindern zukommt, wenn sie Schmerzen haben, wäre in diesen Unterscheidungen das Aktualbewusstsein. Das Kind hat noch keine Möglichkeit zur reflexiven Betrachtung des Aktualbewusstseins, also des Schmerzes. Es erlebt den

Schmerz, aber es reflektiert nicht bewusst das Haben des Schmerzes und auch nicht sich selbst als Träger des Schmerzes, der ihn durch Begriffe wie Kopfschmerz oder Bauchweh klassifiziert. Natürlich weiß das Kind, dass es Kopfschmerzen hat, wenn es welche hat, und kann diese von Bauchschmerzen unterscheiden, doch es vermag nicht zu reflektieren, dass es selbst die Instanz ist, die diese Einordnung vornimmt. Ist es dann überhaupt in der Lage, die Evidenz des »cogito ergo sum« nachzuvollziehen? Bildet dieses reflexive Bewusstsein eine Voraussetzung, um die Evidenz von »cogito ergo sum« zu erfassen?

Die einfache Antwort lautet: Ja, das reflexive Bewusstsein ist eine Bedingung dafür. Denn das »Ich denke« setzt voraus, dass ich von jeglichem Inhalt des Denkens absehe und mich nur zu dem Akt des Denkens in ein Verhältnis setze. Ich denke nicht einfach über etwas nach, zum Beispiel darüber, dass ich noch einkaufen gehen muss, sondern darüber, dass das Denken an das Erfordernis des Einkaufens ein Denken ist und dass ich die Instanz bin, die diese Gedanken hervorbringt.

Die Formulierung »Ich bin bewußt, also bin ich« zeigt bereits, dass es sich bei dem Bewusstsein, das für das Erfassen der Evidenz erforderlich ist, nicht um ein bloßes direktes Bewusstsein oder Aktualbewusstsein handelt. Denn um die Formulierung »Ich bin bewußt« verstehen zu können, muss man über die Reflexionsstufe verfügen, die es einem erlaubt zu verstehen, dass sensorische Eindrücke, Emotionen, Denken, Erinnern sowie Zweifeln mit Bewusstsein einhergehen. Das bedeutet, dass ich bereits einen Denkakt vollziehe, wenn ich sage, »Ich bin bewußt«. Das Nachdenken über das, was bei Descartes Denktätigkeit (cogitatio) heißt, ist daher vorausgesetzt.

Um zu klären, was Descartes unter »Geist« oder »Seele« versteht, bleibt die Frage zu beantworten, ob nur das »Geist« genannt werden kann, was zu dieser Reflexion in der Lage ist. Reicht es aus, etwas oder an etwas zu denken, um zu bestimmen, was »Geist« ist oder muss man zu »weiteren höherstufigen Denkakten aufsteigen«[12], muss man mithin auch über die Denktätigkeit selbst nachdenken können?

Wäre das Verständnis von Geist oder Denken unvollständig, wenn man die Reflexion auf Denktätigkeiten als Denktätigkeiten nicht vornehmen würde? Indem sich Descartes auf diese höhere Stufe der Reflexion begibt, erfährt er etwas über das Wesen des Geistes, was ihm verborgen geblieben wäre, wenn er sie nicht in Betracht gezogen hätte. Auch und gerade die Physik beziehungsweise Biologie hätten ihm diese Einsicht nicht vermitteln können. Für Descartes ergibt sich die Unkörperlichkeit oder Immaterialität des Geistes daraus, dass die Denktätigkeit als Denktätigkeit betrachtet wird.

»Ich sehe eine blaue Hortensie auf dem Balkon« – dieses Wahrnehmungsurteil bezieht sich auf eine Hortensie und einen Balkon. Zudem wird auf Sehen als Wahrnehmungsakt Bezug genommen. Ein Wahrnehmungsurteil setzt eine körperliche Welt voraus. Aber an deren Existenz lässt sich zweifeln. »Ich zweifle daran, ob ich wirklich eine blaue Hortensie auf dem Balkon sehe« – diese Denkaktivität bezieht sich entweder auf Zweifel an meiner Wahrnehmungsfähigkeit oder auf die Existenz der Hortensie und des Balkons. In jedem Fall bezieht sich der Zweifel auf etwas in einer gegenständlich konzipierten Welt.

Wenn ich mich auf die Denktätigkeit des Zweifels selbst beziehe, beziehe ich mich nicht auf etwas Körperliches oder Gegenständliches. Die Frage, die sich natürlich im Anschluss daran stellt, lautet, ob es nicht etwas geben muss, was Träger dieser Denktätigkeit, dieses Zweifels ist. Die Antwort Descartes' lautet, es muss etwas geben, was diesen Zweifel formuliert, doch dies kann keine körperliche Substanz sein, weil man an einer solchen zweifeln könnte. Es muss sich daher um etwas Nicht-Körperliches handeln, und das ist die »res cogitans«, eine geistige Substanz.

Reicht der Umstand, dass ich an einer Denktätigkeit, wenn sie gerade stattfindet, nicht zweifeln kann, aber aus, um von der Existenz einer geistigen Substanz auszugehen? Nun, das

»Zweifelsargument«, das Descartes in der zweiten Meditation, im *Discours de la méthode* und in den *Principia philosophiae* präsentiert (AT VII, 26; AT VI, 33; AT VIII-1, 7), enthält den Schluss von der erkenntnistheoretisch relevanten Möglichkeit oder Unmöglichkeit des Zweifelns auf die Beschaffenheit des Geistes oder der Seele und die des Körpers. Der Schluss ist so allerdings noch nicht zwingend.

Descartes bleibt freilich beim Zweifelsargument nicht stehen. Man muss sich seine gesamte Argumentation in den *Meditationes de prima philosophia* ansehen, um seinen Beweis der Unkörperlichkeit des Geistes oder der Seele vollständig würdigen zu können. Denn Descartes selbst gibt sich mit seinem ersten Argumentationsgang nicht zufrieden.

Entscheidende Ergänzungen dazu finden sich in der sechsten Meditation. Dort heißt es: »Und da ich ja erstens weiß, daß alles, was ich klar und deutlich verstehe, in der Weise von Gott geschaffen werden kann, wie ich es verstehe, so genügt es, eine Sache ohne eine andere klar und deutlich verstehen zu können, um mir die Gewißheit zu geben, daß die eine von der anderen verschieden ist, da wenigstens Gott sie getrennt setzen kann. [...] Ebendaraus, daß ich weiß, daß ich existiere, und einstweilen nur von meinem Denken gewahr werden konnte, daß es zu meiner Natur oder meinem Wesen gehört, ebendaraus schließe ich mit Recht, daß mein Wesen auch allein im Denken besteht.« (AT VII, 77; Übers. Gäbe, S. 141) Diese Argumentation unterscheidet sich von der in der zweiten Meditation in einer wesentlichen Hinsicht: Auf die Existenz einer geistigen Substanz wird nicht mehr aufgrund der Zweifelsfreiheit der Denktätigkeit als solcher geschlossen, sondern aufgrund des Umstandes, dass Gott ein ausdehnungsloses denkendes Wesen ohne Körper geschaffen haben könnte.

Dieser Argumentation liegt der folgende Gedanke zugrunde: Wenn ein X ohne ein Y ein X sein kann, dann gehört Y nicht zu X. X ist dann ein X auch ohne Y, selbst wenn in unserer Welt X immer gemeinsam mit einem Y vorkommt. An einem Beispiel lässt sich das veranschaulichen. Maikäfer sind in unseren

Breitengraden gewöhnlich braun. Wenn wir einen grünen Maikäfer finden würden, wäre das aber auch ein Maikäfer. Die Farbe des Maikäfers ist für die »Natur des Maikäfers« – das, was ihn als Maikäfer ausmacht – keine relevante Eigenschaft. Man könnte also sagen, dass es sich um keine notwendige oder wesentliche Eigenschaft handelt. Um zu bestimmen, was ein Maikäfer ist, mag die Farbe als kontingente Eigenschaft ein praktisches Kriterium sein, doch sie bestimmt nicht, was einen Maikäfer ausmacht.

Die Unterscheidung in primäre und sekundäre Eigenschaften oder Qualitäten, die explizit erst von John Locke (1632–1704) eingeführt wurde, sachlich hingegen bereits vorher verbreitet war, mag hier zusätzliche Verständnishilfe für die Argumentationshintergründe bieten. Danach gibt es primäre Qualitäten wie etwa Bewegung und Ausdehnung, die in der Natur unabhängig davon vorkommen, wie sie vom Menschen wahrgenommen werden. Sekundäre Qualitäten wie Farbe, Töne oder Wärme hängen hingegen von der Wahrnehmung oder Empfindung des Menschen ab: Sie rufen diese Empfindungen und Wahrnehmungen beim Menschen hervor, sind aber nicht wirklich in der Natur vorhanden.

In der Scholastik wurde schließlich auch die Theorie der realen Qualitäten entwickelt. Danach sind Schwere, Gestalt oder Farben eigenständige Entitäten, die zu der Substanz eines Gegenstandes hinzukommen. Descartes wendet sich gegen diese Theorie der Eigenschaften, bei der es sich nicht um eine epistemisch ausgerichtete Theorie handelt, die Bedingungen des Erkennens erläutert, sondern um eine ontologische Theorie, die erklären möchte, was einen bestimmten Gegenstand zu dem macht, was er ist.

Descartes hält es entgegen scholastischer Annahmen für falsch, dass Farben, Wärme oder Gerüche Entitäten sind, die dem Gegenstand selbst zukommen. Sie sind für ihn lediglich Weisen, wie der Gegenstand wahrgenommen wird, aber nicht wie er ist. Lediglich unsere Kälte- oder Wärmeempfindlichkeit lässt uns einen Gegenstand als warm oder kalt empfinden, auf andere existierende Lebewesen mag er ganz anders wirken. Für sie kann etwas, was für uns kalt ist, warm sein. Das zeigt, dass der Gegenstand nicht an sich warm oder kalt ist.

Descartes geht es darum, eine Wissenschaft zu begründen, die sich nur mit objektiven Gegebenheiten befasst und damit, wie die Dinge wirklich sind. Demnach muss man all das ausblenden, was man aufgrund von Wahrnehmung und Empfindung zu wissen meint, mit anderen Worten, das, woran man zweifeln kann.

Um die rein kontingenten, subjektiven von den notwendigen oder wesentlichen Eigenschaften zu unterscheiden, stellt Descartes Überlegungen an, die heute als Gedankenexperimente bezeichnet werden. Indem man überlegt, ob eine Welt denkbar wäre, in der beispielsweise grüne Maikäfer leben, denkt man über das, was wir als »möglich« bezeichnen, nach.

Descartes sagt, er wisse aufgrund seiner Überlegungen zum Cogito, dass er existiert, und was da existiert, lässt sich nur mit Denktätigkeit bestimmen. Daher ist Denken von allem Körperlichen gedanklich, begrifflich abtrennbar. Descartes drückt es so aus, dass Gott Denktätigkeit und Körper trennen kann, wenn die Aufspaltung auch in dieser unserer Welt nicht vorkommt.[13] Um sagen zu können, dass Geist und Körper verschieden sind, kommt es für Descartes mithin darauf an, dass die Möglichkeit besteht, dass sie es sind.

Er hat jedoch nicht nur einen archimedischen Punkt des Denkens, das Cogito, gesucht, sondern wollte darüber hinaus eine neue Erkenntnistheorie und eine Neubegründung der Wissenschaften. Das Denken benötigt also Inhalte, und diese sind nicht schon die Denktätigkeit selbst. Wie aber kann man zu sicherem Wissen gelangen, wenn die Inhalte bezweifelbar sind?

Um dieses Problem zu lösen, geht Descartes zunächst von den Ideen aus, um dann zu den Gegenständen dieser Welt fortzuschreiten. Er setzt bei den Ideen an, weil sie, wie er sagt, bereits in ihm sind und sich der Geist mittels der Ideen auf etwas richtet oder etwas präsentiert. Das heißt nicht, dass man sich mittels der Ideen bereits auf eine Außenwelt richtet, denn wir verfügen über sehr unterschiedliche Ideen wie etwa die Gottes oder auch der des Pegasus. »Idee« bezeichnet bei Descartes zum einen die Tätigkeit des Denkens und zum anderen das durch diese Tätigkeit Vergegenwärtigte (im Falle der Idee des Pegasus demnach das geflügelte Pferd). Die heutigen Philosophen bezeichnen mit dem, was Descartes »Idee« nennt, den repräsentativen Gehalt eines Gedankens.

Descartes unterscheidet angeborene, erworbene und selbst entwickelte Ideen. Erworbene sind solche, die durch Wahrnehmung hervorgerufen werden, wie die große Sonne. Selbst entwickelte sind solche, die auf Fantasie beruhen (AT VII, 37), etwa die Idee des Pegasus, deren Bestandteilen, nämlich Pferd und Flügel, allerdings Ideen zugrunde liegen, die einmal durch Wahrnehmung hervorgerufen wurden. Unter angeborenen Ideen versteht Descartes Ideen wie »Gott«, »Wahrheit« oder »Geist«. Die interessanteste dieser Ideen ist für Descartes diejenige Gottes, weil sie eine ist, die nicht von ihm selbst stammen kann. Warum nicht? Weil die Idee oder der Begriff von Gott das Merkmal der Unendlichkeit, der Allwissenheit, der Unabhängigkeit, der Schöpferkraft und der Allmächtigkeit enthält, mithin einige Merkmale, über die das denkende Ich, das so leicht getäuscht werden kann, nicht verfügt.

Dieses Ich ist nicht allmächtig, es ist nicht allwissend und auch nicht unendlich oder allgegenwärtig. Wie aber könnte ein so unperfektes Wesen die Idee eines perfekten Wesens hervorgebracht haben? Laut Descartes ist dies unmöglich, daher muss die Möglichkeit, einen solchen Begriff oder eine solche Idee zu bilden, angeboren sein: »Wenn die objektive Realität einer meiner Vorstellungen so groß ist, daß sie mit Gewißheit weder mit demselben noch mit einem höheren Grade von Wirklichkeit in mir enthalten und ich selbst mithin nicht die Ursache dieser Vorstellung sein kann, so folgt daraus notwendig, daß ich nicht allein in der Welt bin; es muß noch etwas anderes existieren, das die Ursache dieser Vorstellung ist.« (AT VII, 42; Übers. Schmidt, S. 115) Eine solche Idee ist die Idee Gottes.

Mit dieser Idee hat Descartes einen Bezugspunkt für das Cogito gefunden. Er schreibt: »Wie könnte ich denn wissen, daß ich zweifle, daß ich begehre; d. h. daß mir etwas fehlt, und daß ich unvollkommen bin, wenn in mir nicht die Vorstellung eines vollkommen Seienden wäre?« (AT VII, 45 f; Übers. Schmidt, S. 123) Mit dieser Überlegung schließt sich der Kreis zurück zum Cogito, zum archimedischen Punkt, der die letzte Versicherung seiner Existenz durch eine andere geistige Substanz erhält. Denn wenn das Cogito von dieser Instanz geschaffen wurde, ist es nicht nur Gedachtes, sondern etwas, was existiert.

Damit sind die beiden Gottesbeweise Descartes' in der dritten und fünften Meditation keineswegs ganz nachvollzogen. Diese Ausführungen sollen jedoch zeigen, warum Descartes neben dem Cogito überhaupt die Idee Gottes benötigt, um in seinen Überlegungen zu sicherem Wissen fortzufahren.

Nachdem er in der sechsten Meditation klargestellt hat, dass Gott kein Betrüger ist, kommt er auf die körperlichen Gegenstände und die Möglichkeit, diese zu erkennen, zu sprechen: »Wenigstens findet sich aber alles das an den Körpern, was ich klar und deutlich denke, d.h. allgemein all jene Eigenschaften, die im Gegenstande der reinen Mathematik mit befaßt sind. Andere Bestimmtheiten betreffen entweder nur Einzelheiten (particularia), wie Gestalt und Größe der Sonne [...]. Diese sind zwar sehr zweifelhaft und unsicher. Allein Gott täuscht uns nicht, und etwas Falsches kann sich also in meinen Ansichten nur insofern finden, als er mich auch befähige, den Irrtum zu berichtigen. Dies eröffnet mir die sichere Hoffnung, auch hierin zur Wahrheit zu gelangen.« (AT VII, 80; Übers. Schmidt, S. 193) Descartes unterscheidet an dieser Stelle inhaltlich bereits kontingente oder Tatsachenwahrheiten (particularia) und mathematische oder notwendige Wahrheiten. Letztere zählt er zu den ewigen Wahrheiten.

Die Bedeutung der ewigen Wahrheiten für eine Neubegründung der Physik betont er in einigen Briefen an Mersenne (AT I, S. 145 f.), sie findet außerdem einen Widerhall in den

Principia philosophiae, Le Monde und in der soeben zitierten Stelle aus den *Meditationes de prima philosophia*.

Descartes vertritt zum einen die Auffassung, dass die ewigen Wahrheiten von Gott stammen und dieser sie auch anders hätte fassen können, und zum anderen, dass wir sie in der Natur und deren Gesetzen finden können. Wir finden die mathematischen Wahrheiten und die Naturgesetze in der Natur, weil Gott es so eingerichtet hat. Die ewigen Wahrheiten stellen, da wir sie erkennen können, eine Verbindung zwischen Wahrheit, unserem Denken und Naturerkenntnis dar und machen plausibel, inwiefern wir in der Natur überhaupt etwas Wahres erkennen können. Unser Verstand und die Natur werden mittels der ewigen Wahrheiten aufeinander bezogen. Aber der Reihe nach.

Gott ist der Schöpfer der Kreaturen, des Wesens der Dinge und der ewigen Wahrheiten. Besonders aufregend an dieser Annahme ist, dass es dem allmächtigen Gott auch freigestanden hätte, sie anders zu gestalten. Was Descartes hier in seine Philosophie einführt, ist nichts anderes als die prinzipielle Kontingenz des Ewigen und Notwendigen. Gott hätte in seiner Allmacht andere mathematische Wahrheiten und Naturgesetze bewirken können, als er es getan hat. Waren sie dann vielleicht einmal vor undenkbarer Zeit andere oder werden sie einmal andere sein? Descartes' Antwort lautet: »Da Gott ja von Ewigkeit her seine Macht hatte, scheint nichts zu hindern, warum er sie nicht von Ewigkeit her ausgeübt haben sollte.« (AT V, 155; Übers. Arndt, S. 33)

Die Allmacht Gottes ist eine gleich bleibende, sie wurde nicht und wird auch nicht sein. Deshalb waren auch die ewigen Gesetze nie andere und werden morgen keine anderen sein. Gott ist kein böser Betrüger, weil er allmächtig, gleich bleibend[14] und gütig ist. Und da er dies ist, sind auch die ewigen Wahrheiten ewige Wahrheiten, obgleich es in Gottes Allmacht gestanden hätte, dass sie andere gewesen wären. Mit anderen Worten, die notwendigen Wahrheiten sind zwar notwendig, aber nicht notwendigerweise die, die sie sind. Gott war frei zu

wollen, dass die Theoreme der Geometrie nicht wahr gewesen wären, doch das bedeutet nicht, dass er ein willkürlicher Gott ist. Einmal als ewige Wahrheiten gewählt, sind sie und die Naturgesetze gleich bleibend und unabänderlich.[15]
Die Wahrheiten der reinen Mathematik, die wir entdecken können, bestimmen auch das Wesen der materiellen Dinge. Da Geist, Mathematik und Natur in dieser Weise aufeinander bezogen sind und der Gottesbegriff die Beständigkeit dieser Übereinstimmung garantiert, können wir etwas klar und deutlich und somit als wahr erkennen.
Spätestens an dieser Stelle muss auf Descartes' Wahrheits- und Urteilstheorie verwiesen werden, für die die Wendung »etwas ›klar und deutlich‹ erkennen« zentral ist: »Somit darf ich als allgemeine Regel festsetzen, daß alles das wahr ist, was ich ganz klar und deutlich auffasse.« (AT VII, 35; Übers. Schmidt, S. 101)
Was erlaubt einen solchen Schluss? Descartes hat festgestellt, dass er gewiss ist, ein denkendes Wesen zu sein. Diesen Gedanken nennt er auch ein »klares und deutliches Erkennen« (clara et distincta perceptio), das nicht falsch sein kann. Ein Gedanke, der nicht falsch sein kann, ist notwendig wahr. Daran schließt Descartes in der sechsten Meditation mit der bereits zitierten Stelle an, die es sich noch einmal in erweiterter Fassung zu wiederholen lohnt: »[...] denn die sinnliche Wahrnehmung ist vielfach sehr dunkel und verworren. Wenigstens findet sich aber alles das an den Körpern, was ich klar und deutlich erkenne, d.h. allgemein alle jene Eigenschaften, die im Gegenstand der reinen Mathematik mit befaßt sind. Andere Bestimmtheiten betreffen entweder nur Einzelheiten, wie Gestalt und Größe der Sonne usw., oder wir haben eine weniger klare Erkenntnis von ihnen, so von Licht, Schall, Schmerz und ähnlichem. Diese sind [...] sehr zweifelhaft und unsicher.« (AT VII 80; Übers. Schmidt, S. 193)
Daraus soll folgen, dass wir die Einzeltatsachen nicht klar und deutlich erkennen. Aber hatte Descartes das Wahrheitskriterium »klar und deutlich« nicht in der zweiten Meditation an-

hand einiger Überlegungen zum Erkennen eines Stück Wachses eingeführt? Ein Stück Wachs ist aber als eine Einzeltatsache zu betrachten, und deshalb liegt die Interpretation nahe, dass auch Urteile über Einzeltatsachen für Descartes wahr oder falsch sein können. Inwiefern können sie das, inwiefern können wir sagen: »Dies ist ein Stück Wachs« oder »Dies ist kein Stück Wachs«?

Form, Geruch, Klang, Farbe, sämtliche Arten der Sinneseindrücke können sich in Bezug auf ein Wachsstück innerhalb von wenigen Minuten ändern, was Descartes zu der Frage veranlasst, was es ist, das es uns im Falle eines Wachsstückes überhaupt erlaubt, es als dasselbe zu bezeichnen. Was gibt uns ein Kriterium der Identifikation und der Identität für das Wachsstück an die Hand?

Nach Descartes erlaubt es allein das Denken, ein Stück Wachs, das durch Erwärmen verformt wurde, noch als dasselbe zu bezeichnen. »Ex causis« und »rationes« – aus Gründen, sagt er, können wir diese Urteile fällen. Wenn empirische Tatsachen aber keine Gründe sind, was sind dann Gründe, wenn es darum geht, Urteile über Einzeltatsachen zu treffen? Empfindungen der Wärme, des Klangs, der Bitterkeit, der Süße und der Farbigkeit sowie die dazugehörigen sekundären Qualitäten (Wärme, Farbe, Ton usw.) stellen in der cartesischen Naturphilosophie, das ist nun bekannt, subjektive Gründe dar und sind daher für ein sicheres Urteil nicht brauchbar. Es gibt allerdings objektive, mathematisch-physikalische Gründe wie die geometrisch messbare Ausdehnung der Körper und deren Bewegung. Notwendige oder ewige Wahrheiten der Mathematik haben bei Descartes also insofern einen Bezug zu den materiellen Dingen, als sie geometrische Wahrheiten sind und Materie von Descartes als geometrisch messbare Ausdehnung aufgefasst wird.

Klar und deutlich erfassen wir somit alle physikalisch-mathematischen Wahrheiten; und insofern wir die Dinge mittels der mathematischen Gesetze der Physik verstehen können, erkennen wir diese Dinge auch klar und deutlich. Damit erkennen wir das Wesentliche an ihnen. Aber wie können wir sicher sein, dass sie auch existieren? Diese Frage ist bisher noch offen geblieben.

Zu den Dingen der so genannten Außenwelt gelangt man, wenn man sich verdeutlicht, dass es eine körperliche Substanz und damit Dinge geben muss. Descartes' Argument für die Existenz der Außenwelt setzt mit dem menschlichen Wahrnehmungsvermögen ein. Der Mensch hat ein solches passives Vermögen, das durch irgendetwas aktiviert werden muss. Durch das denkende Ich kann es jedoch nicht aktiviert werden, weil die Wahrnehmung keine Verstandesleistung ist. Es muss daher von etwas, was von dem denkenden Ich verschieden ist, aktiviert werden. Descartes führt sowohl Gott als auch Körper als die beiden Möglichkeiten an, die das Wahrnehmungsvermögen aktivieren könnten. Wäre Gott die Ursache, würde er uns allerdings etwa im Fall von halb ins Wasser getauchten Stäben, die uns fälschlicherweise als geknickt erscheinen, auch über wahrgenommene Dinge in der Außenwelt täuschen. Descartes hat aber bereits ausgeschlossen, dass Gott ein böser Betrüger sein könnte. Also bleiben nur körperliche Dinge als Ursachen dafür übrig, dass unser Wahrnehmungsvermögen aktiviert wird. Wieso wir ein Vermögen brauchen, das uns undeutliche Informationen über die Außenwelt gibt, da wir doch über Denkfähigkeit verfügen, durch die wir alles, was zur reinen Mathematik gehört, deutlich erkennen können, wird gegen Ende der sechsten Meditation erklärt.

Descartes bezeichnet Empfindungen als undeutlich oder konfus. Indem er erklärt, welche Funktionen Empfindungen oder Wahrnehmungen für den Menschen als denkendes, sich orientierendes Wesen haben, erklärt er auch, wozu der Mensch undeutliche Informationen benötigt: »Die sinnlichen Wahrnehmungen sind mir nämlich eigentlich nur dazu von der Natur verliehen, um dem Geist anzuzeigen, was dem Zusammengesetzten, dessen Teil er ist, zuträglich oder nicht zuträglich ist, und dafür sind sie klar und deutlich genug.« (AT VII, 83; Übers. Schmidt, S. 199)

Eine Verletzung des Körpers hätte Folgen für den Geist, der mit jenem in Verbindung steht. Empfindungen zeigen also etwas an, was der Geist ansonsten nur aufgrund des reinen Verstandes, des »purus intellectus« wahrnehmen könnte. Das würde bedeuten, dass er sich über die physikalischen Zustände des Körpers klar werden müsste. Der Geist hätte dann zwar ein vollständig klares und deutliches Urteil, in der Regel benötigt er dies aber nicht, weil die einfachen sinnlichen Hinweise für das Überleben ausreichen. So sind die sinnlichen Wahrnehmungen zwar nicht klar und deutlich, aber Descartes sagt dennoch: »Ich lasse sie mir aber als sichere Richtschnur dienen, um ohne weiteres die außerhalb von mir befindlichen Körper nach ihrem Wesen zu unterscheiden. Dafür enthalten sie aber nur ganz dunkle und unbestimmte Anhaltspunkte.« (AT VII, 83; Übers. Schmidt, S. 199-201) Für Descartes repräsentieren Empfindungen demnach insofern etwas in der Welt, als sie eine kognitive Verbindung zwischen der »res cogitans« und der Welt herstellen.

Worin kann eine solche Verbindung bestehen, und was wird dem Geist von der Welt durch die Empfindungen und Leidenschaften repräsentiert? Der repräsentative Gehalt kann nicht darin bestehen, dass die Empfindungen oder die Emotionen etwas der Welt beziehungsweise der »res extensa« Ähnliches repräsentieren, denn dann müsste man Descartes eine kausale Theorie sinnlicher Repräsentation unterstellen. Eine Empfindung (oder eine Emotion) würde etwas in der Welt aufgrund des Umstandes repräsentieren, dass sie durch etwas in der Welt verursacht ist. Dagegen lässt sich nun einwenden, dass beispielsweise Wärme zwar von etwas in der Welt verursacht wird, die Wärmeempfindung das in der Außenwelt Befindliche aber nicht als das repräsentiert, was es im eigentlichen physikalischen Sinne ist, nämlich eine Bewegung von Molekülen.

Descartes hat die Funktion der Sinne und Empfindungen daher nicht im Bereich der Repräsentation physikalischer Gegebenheiten gesehen, sondern ihnen eine biologisch-ökologische Funktion zugeschrieben. Eine kognitive Funktion oder Repräsentationsfunktion kommt ihnen dabei insofern dennoch zu, als sie zwar nicht die physikalischen Gegebenheiten in klarer und deutlicher Weise repräsentieren, wohl aber ökologische Gegebenheiten, d. h. Beziehungen zwischen dem Körper und seiner Umwelt. Da diesen Beziehungen keine mathematischen Wahrheiten zugrunde liegen, kann dies allerdings nur in konfuser Weise geschehen.

Empfindungen zeigen uns nach Descartes »externe Körper nicht genau, wie sie sind, sondern nur insofern sie uns betreffen und uns von Vorteil oder Nachteil sein können« (AT V, 271; AT VII, 83; AT XI, 372). Die Sinne erlauben es somit der cartesischen Körper-Geist-Einheit, die wir auch Mensch nennen, in einer physikalischen Umwelt zu überleben. Insofern sie zur Selbsterhaltung des Körpers beitragen, indem sie dem Geist etwa anzeigen, wo Körper sind, und damit »etwas aus der Welt« vermitteln, lässt sich diese Funktion als kognitiv bezeichnen. Die Sinne repräsentieren etwas in der Außenwelt. Sie zeigen dem Geist damit nicht, was ein Körper im Sinne eines cartesischen Naturphilosophen oder Physikers ist, und damit nicht die eigentliche oder wahre Natur der Dinge, dies vermag nur die Physik. Die Sinne geben uns vielmehr vermittelt über das Wohlbefinden des eigenen Körpers bestimmte Anhaltspunkte über den Zustand der Welt. Die ökologisch bedeutsamen Eigenschaften der Körperwelt werden der »res cogitans« auf diese Weise repräsentiert. Wichtige Informationen wären etwa: Wo befinden sich andere Körper um mich herum? Bedrohen sie meinen Körper? Werden sie meinem Wohlergehen nutzen oder schaden? Empfindungen und Emotionen haben demnach für Descartes einen kognitiven Nutzen, der allerdings nicht mit dem Erkenntniswert zu vergleichen ist, den er den Gedanken zuschreibt.

Physik

Nach antiker und mittelalterlicher Theorie bestand der Kosmos aus Sphärenschalen, auf denen Sonne, Mond sowie die übrigen Planeten kreisten, und die Erde befand sich im Mittelpunkt. 1610 hat Galileo Galilei dann die vier Jupitermonde entdeckt – diese Entdeckung musste das überlieferte Sphärenmodell zerstören. So befand sich Descartes, als er selbst begann, ein physikalisch-astronomisches Modell des Kosmos zu entwerfen, in einer wissenschaftlichen Umbruchzeit. Sein eigenes physikalisch-astronomisches Modell legte er in der Schrift *Le Monde* nieder. In diesem Werk entwirft er eine mathematisch-kinetische Weltordnung, wobei er – wie zuvor auch beispielsweise Nikolaus von Kues – unbestimmt viele Welten annimmt. Descartes kennzeichnet sein Vorgehen allerdings explizit als hypothetisch und sichert sich damit gegenüber der Kirche ab. Er nimmt an, dass Gott irgendwo »in imaginären Räumen« genügend weitere Materie bereithalte, um noch eine andere Welt zu schaffen, auf die sich dann Descartes' Hypothesen beziehen. (AT VI, 42) Für diese und andere mögliche Welten gelten dieselben Gesetze, die in der existierenden gelten. Diese Gesetze gelten schon seit dem Entstehen des Weltalls und sind notwendig. Das bedeutet, dass sie in allen möglichen Welten wirksam sind beziehungsweise dass sich keine mögliche Welt ohne sie denken lässt: »[…] und ich versuchte deutlich zu machen, daß selbst wenn Gott mehrere Welten geschaffen hätte, es keine einzige geben könnte, wo [die Gesetze] nicht beobachtet werden würden.« (AT VI, 44; Übers. Ostwald, S. 83)

Die Verbindung von Naturgesetzen und einer Vielzahl möglicher Welten war bereits im ausgehenden Mittelalter vorbereitet worden. So schreibt Nikolaus von Kues in seinem Werk *De natura rerum*, dass das Universum unendlich ist und es

eine Vielzahl von Welten gibt, die der unseren ähnlich sind. Er verweist damit bereits auf die Renaissance-Vorstellung, wonach jeder Himmelskörper ein Zentrum der Anziehungskraft ist. Die Erde verliert demzufolge ihre Bestimmung als ausgezeichneter natürlicher Ort, der das maßgebliche Zentrum der Anziehungskraft darstellte. Damit ist bereits eine Abkehr von der aristotelischen Physik vollzogen, für die die Vorstellung vom natürlichen Ort eines Dinges und insofern auch die Vorstellung von einem natürlichen Ort der Erde im Universum maßgeblich ist. Mit dieser aristotelischen Auffassung des natürlichen Ortes ging auch die Ablehnung einer Vielzahl von Welten einher, die nicht alle gleichermaßen einen ausgezeichneten Ort hätten haben können.
Die Vorstellung der natürlichen Orte hängt dabei eng mit derjenigen von der Bewegung der Himmelskörper zusammen. Sie verweist somit auf ein Gesetzesverständnis, dem im Wesentlichen die Erklärung natürlicher Gegebenheiten aufgrund metaphysischer Vorannahmen entspricht, welche sich mit den Beobachtungen in Übereinstimmung bringen lassen. Was in der aristotelischen Vorstellung fehlt, ist die Annahme, dass diesen Vorgängen eine mathematische Struktur unterliegt, die zur Berechnung und vor allem zur Vorausberechnung der Bewegungen dienen könnte. Solche Erklärungsversuche finden sich stattdessen bei den Neuplatonikern. Bei Aristoteles ist die Welt hingegen eine Welt der natürlichen Dinge und Substanzen, die einen Anfang der Bewegung in sich selbst haben. Ein natürlicher Ort ist dann das natürliche Ende einer Bewegung. Bewegungen sind daher auch grundsätzlich zielgerichtet, mit anderen Worten teleologisch; und da die Erde ihren natürlichen Ort innehat, bewegt sie sich nicht. Sie steht still, weil sie kein Ziel erreichen muss. Die Theorie der natürlichen Orte geht bei Aristoteles mit einer Theorie des einfachen Körpers und der einfachen Bewegung einher. Und die Theorie des Raumes, die sich aus der Theorie der Orte ergibt, ist mit der Vorstellung einer räumlichen Endlichkeit der Welt (des Kosmos) verknüpft.

Descartes lehnt die aristotelische Definition der Bewegung ab. Er begegnet ihr in den aristotelischen Lehren der Spätscholastik. Bewegung ist nach diesen Lehren »die Aktualisierung eines potentiell Seienden, insofern es über Potentialität verfügt« (Motus est actus entis in potentia, prout in potentia est). Dieses Verständnis von Bewegung ist mit der aristotelischen Unterscheidung von Form und Materie verbunden, die Descartes gleichfalls ablehnt, weil für ihn ein Körper nur Materie ist und Materie etwas Ausgedehntes. Ein Körper ist für Descartes etwas Ausgedehntes, aber das spezifisch Ausgedehnte, das den spezifischen Körper ausmacht, hat seine spezifische Länge, Breite und Tiefe. (AT VIII-1, 25 und 41) Ein Körper ist mithin notwendigerweise ausgedehnt. Anders ausgedrückt: Es ist für einen Körper wesentlich, dass er ausgedehnt ist. Die Bestimmungen durch die spezifische Länge, Breite und Tiefe bezeichnet Descartes als Modi eines Körpers. Sie geben die kontingenten, d. h. zufälligen geometrischen Koordinaten eines Körpers und seine konkrete Ausdehnung an. Die Körperwelt wird damit geometrisch und berechenbar.

Der Umstand, dass ein Körper weich, rot oder brennbar ist, dass er sich gar verflüssigen lässt, trägt hingegen zur Definition des Begriffs oder des Konzepts »Körper« im Allgemeinen nichts bei. Damit werden lediglich die besonderen Beschaffenheiten einzelner Vorkommnisse angegeben, die die konkrete Ausdehnung eines Körpers nicht beeinflussen. Ein Körper ist mit anderen Worten nicht deshalb der Körper, der er ist, weil er weich, brennbar und rot ist, sondern weil er ein Stück konkret ausgedehnter Materie ist. Besonderheiten der Materiestruktur, die dazu führen, dass wir einen Gegenstand als weich oder rot empfinden, sind nach Descartes mithin keine Modi des Körpers, sondern rufen derartige Wahrnehmungen lediglich im Betrachter hervor.

Während für Aristoteles Bewegung und Ausdehnung Qualitäten sind, die in der Natur unabhängig davon vorkommen, wie sie vom Menschen wahrgenommen werden, hängen auch für ihn Qualitäten wie Farbe, Töne oder Wärme von der Wahrnehmung oder Empfindung des Menschen ab, weil die Dinge diese Empfindungen und Wahrnehmungen beim Menschen hervorrufen, aber nicht wirklich in der Natur vorhanden sind. Die Scholastik kennt schließlich so genannte reale Qualitäten. Descartes wendet sich sowohl gegen diese realen Qualitäten oder Eigenschaften, weil es für ihn absurd ist, dass einem Gegenstand die Eigenschaft der Ausdehnung als eigenständige Entität zukommt. Ausdehnung oder gar Farben sind für ihn keine realen Entitäten, die zum Gegenstand hinzukommen. Denn Ausdehnung hat der Körper als materieller Gegenstand notwendigerweise, sie gehört zur Definition dessen, was ein Körper ist, und kommt ihm nicht als eine besondere, zusätzliche Eigenschaft zu. Farben sind das, was später bei John Locke sekundäre Eigenschaften genannt wird. Sekundäre Eigenschaften hängen genau wie die von Aristoteles so genannten subjektiven Eigenschaften von der Wahrnehmung oder Empfindung der Wahrnehmenden ab, sie sind »nicht wirklich Bestandteile« des materiellen Körpers, an dem sie wahrgenommen werden. Descartes muss mithin zum einen die Einteilung des Aristoteles in objektive und subjektive Eigenschaften ablehnen, weil Ausdehnung beispielsweise keine Eigenschaft des Körpers ist, sondern ihn definiert. Und zum anderen muss er die scholastische Annahme realer Eigenschaften ablehnen, weil Eigenschaften wie Farbe, Wärme oder Geruch keine Eigenschaften des Körpers sind, sondern im Wahrnehmenden durch die wahrgenommenen Körper hervorgerufen werden.

Was außer den Modi der konkreten Ausdehnung, den geometrischen Eigenschaften der Höhe, Tiefe und Breite als Eigenschaften der Körper wirklich existiert, ist Bewegung. Damit erklärt Descartes auch, wie es kommt, dass unterschiedliche Körper verschiedene Formen haben und inwiefern sich Materie verändert: »[...] jede Veränderung der Materie beziehungsweise die Verschiedenheit all ihrer Formen hängt von der Bewegung ab.« (AT VIII-1, 52 f.)

In der spätscholastischen Vorstellung ist Materie hingegen das

Potenzielle, das Mögliche, das durch ein Hinzutreten der Form als das, was es sein kann, verwirklicht oder aktualisiert wird. Nach der aristotelischen und scholastischen Lehre machen Formen und Qualitäten die Materie erst zu dem, was sie als Ding, etwa als Stuhl, ist. Die Materie stellt in dieser Lehre nur die Potenz dar, ein Stuhl zu werden, und die Form macht die Materie zu einem Gegenstand wie dem Stuhl. Auch Bewegung wäre dann jeweils der Prozess der Verwirklichung eines potenziellen Zustands. Demgegenüber bezeichnet Bewegung für Descartes einen Ortswechsel eines Körpers im Verhältnis zu einem anderen Körper. Die Körper enthalten also nicht selbst, wie noch in der aristotelischen Physik angenommen, eine Potenz oder eine spezifische Antriebskraft (impetus), die Bewegung ermöglicht.

Gegen die aristotelischen, spätscholastischen Annahmen richten sich die kosmologischen und physikalischen Ausführungen Descartes'. Da Körper lediglich Materie sind, können sie nicht auch noch Kräfte einschließen. Körper können dann auch nicht aus sich heraus aktiv werden, wodurch es zu Bewegung käme. Vielmehr entsteht Bewegung nach cartesischer Vorstellung allein im Verhältnis der Körper zueinander. Descartes schließt sich mit seiner Definition – Bewegung ist ein Ortswechsel eines Körpers in Relation zu einem anderen Körper, der sich im Ruhezustand befindet – einer Entwicklung in der Naturphilosophie des ausgehenden Mittelalters an, in der Gegenmodelle zur aristotelischen Theorie der Orte und des Raums entstehen. Diese Gegenmodelle werden für den neuzeitlichen Gesetzesbegriff insofern wichtig, als nicht mehr die eigenständige Entität, mit der wir es in der Welt zu tun zu haben scheinen, im Vordergrund des Denkens über die Dinge steht, sondern die Relationen, in denen die Dinge zueinander stehen. Dieses Denken in Strukturzusammenhängen fördert nicht nur eine Mathematisierung der Physik, sondern auch das Denken in Kausalzusammenhängen.

So ist etwa für Nikolaus von Kues der Gedanke leitend, dass die Existenz und die Identität der Dinge der Relationalität zu anderen Dingen entspringen. Die Dinge existieren für ihn, insofern sie aufeinander bezogen sind, und die Welt stellt entsprechend einen Relationszusammenhang dar. Ebenso wenig wie unsere Welt eigenständig existiert, existieren die einzelnen Gegenstände auf der Erde eigenständig. Damit ist ein Denken vorbereitet, das den aristotelischen Substanz- und Wesensbegriff ablöst. An dieses Denken schließt Descartes an und setzt es fort. Die Idee, dass das Universum prinzipiell unendlich ist, hatte sich aus diesem Denken heraus schon angedeutet und war gleichfalls der aristotelischen Vorstellung eines endlichen Universums entgegengesetzt worden. Denn wenn jedes Seiende auf ein anderes Seiendes bezogen ist, um zu existieren, lässt sich kein Ende und keine Grenze dieser Bezogenheit denken. Erkenntnis ist dann auch nicht mehr Erkenntnis der Dinge, sondern Nachkonstruktion der Struktur der Dinge und der Dinge zueinander. Das relationale Strukturdenken, das im ausgehenden Mittelalter aufkommt, entwickelt sich bei Descartes zu einem Denken in primär mathematischen und insbesondere geometrischen Strukturen.

Bei Descartes' Überlegung zur Unendlichkeit des Universums ist allerdings ausschlaggebend, dass sich der Raum, wenn keine Sphären angenommen werden, unabsehbar öffnet. Das Universum und der Raum, der dieses ausmacht, richtet sich in seiner Größe nach der Anzahl der vorhandenen Sterne oder Himmel. (AT XI, 29) Descartes kennt schließlich nur noch Raum und Materie und die Verteilung der Letzteren bestimmt die Größe des Ersteren. Und so wie das Universum in seiner Größe prinzipiell unbegrenzt (indefinit) ist, besteht die Materie aus unbestimmbar kleinen Einheiten. Weil Descartes Raum so bestimmt, dass er nicht ohne Materie existiert, nimmt er auch an, dass es kein Vakuum geben kann. (AT XI, 32)

Gott hat diesen Raum und die den Raum konstituierende Materie samt der verschiedenen Bewegungen und Naturgesetze zwar geschaffen, danach lässt er der Natur jedoch »ihren Lauf«. Die Körper, die Materie verhalten sich nach den Gesetzen der Natur, so dass sich das anfängliche Chaos allein aufgrund der Bewegungsgesetze in die vollkommene Welt verwandelte. (AT XI, 32) Gott ist der erste Grund, die erste Ursache von Bewegung. Aber er ist nicht nur der Anstoß von Bewegung, sondern er hält sie gemeinsam mit den Körpern auch aufrecht. (AT VIII-1, 61) Interessant ist, dass Descartes zufolge die Quantität der Bewegung immer konstant bleibt: »Daraus, daß Gott die Teile der Materie bei ihrer Erschaffung auf mehrere verschiedene Weisen bewegt und daß er sie sämtlich in eben derselben Weise und mit eben denselben Gesetzen erhalten hat, die er ihnen bei ihrer Erschaffung auferlegte, folgt aber, daß er in dieser Materie unablässig die gleiche Menge von Bewegung erhält.« (AT VIII-1, 61 f; Übers. Specht, S. 99 f.) Das irdische Geschehen setzt in dieser Physik mithin das permanente Wirken Gottes voraus.

In der Kosmologie Descartes' bilden sich zuerst Sonne und Fixsterne heraus, dann die Luft als durchsichtige Materie und schließlich Planeten als schwere Körper. Letztere bewegen sich um ihre jeweilige Sonne. Die Erde wird, wenn auch in hypothetischer Formulierung, als Planet beschrieben, der sich sowohl um die Sonne als auch um sich selbst dreht. Descartes geht davon aus, dass die Himmelsbahnen mit Äther gefüllt sind und sich um die Sonne bewegen, wobei sie die Planeten und die Erde mitführen. Damit vertritt er die gleiche Position wie zuvor Galileo Galilei. Insofern die Erde aber nicht im Verhältnis zu den Himmelsbahnen in Bewegung ist, ruht sie, und insofern weicht Descartes in einer wesentlichen Hinsicht von der Position Galileis ab. Nach Descartes drehen sich lediglich die Himmelsbahnen und mit diesen gemeinsam die Planeten und die Erde; die Planeten selbst und die Erde sind jedoch nicht in Bewegung: »Wir müssen annehmen, daß die gesamte Himmelsmaterie, in welcher sich die Planeten befinden, sich immerzu nach Art eines Wirbels dreht, in dessen Mitte die Sonne liegt, und zwar die sonnennäheren Teile schneller und die sonnenfernen langsamer; und daß alle Planeten mitsamt der Erde immer in denselben Teilen der Himmelsmaterie bleiben. Das reicht aus, um ohne weitere Konstruktionen alle himmlischen Phänomene mühelos zu verstehen.« (AT VIII-1, 92; Übers. Specht, S. 102 f.) Diese Auffassung fügt sich, da es eine solche Bewegung der Erde im Verhältnis zu den Himmelsbahnen nicht gibt, zum einen nahtlos in Descartes' Bestimmung von Bewegung als Ortswechsel eines Körpers im Verhältnis zu einem anderen Körper, der sich im Ruhezustand befindet. Zum anderen passt sie aber auch zu Galileis heliozentrischem Weltbild, nach dem die Sonne in der Mitte ruht und die übrigen Planeten sich um sie herum bewegen.

Descartes' folgenreiches Wirken in der Physik liegt jedoch weniger im Bereich der Kosmologie oder Astronomie als vielmehr in seiner antiaristotelischen Konzentration auf Materie und Kausalzusammenhänge. Diese bilden für ihn eine ausreichende Grundlage, um die physikalischen Vorgänge in der Welt zu erklären. Die vielen selbstständig aktiven Entitäten, die die Spätscholastik kennt, schafft er ebenso ab wie die zahlreichen Elemente, Substanzen, Formen, Qualitäten und Quantitäten, die jeweils ad hoc eingeführt worden waren, wenn es darum ging, einen bestimmten Fall zu erklären. Diesen Umstand hatte Descartes mit der zutreffenden Bemerkung kommentiert, dass mit einer solchen Physik letztlich nichts erklärt werde. Und obgleich Descartes selbstverständlich nicht das wissenschaftstheoretische Vokabular zur Verfügung steht, das es erlaubt, ein solches Vorgehen als Ad-hoc-Erklärung zu bezeichnen, steht seinerseits dieselbe Überlegung dahinter.

Um die Vorgänge in der materiellen Welt physikalisch zu erklären, reichen die Bestimmung von Materie als Ausdehnung und die Annahme von Kausalzusammenhängen allerdings nicht aus. Descartes gibt daher in *Le Monde* (AT XI, 38 ff.) und in den *Principia* (AT VIII-1, 62 ff.) drei Naturgesetze an, die die Bewegungsabläufe in bestimmte Richtungen und Abfolgen lenken. Die drei Bewegungsgesetze betreffen die Trägheit von Körpern, ohne dass Descartes wie Isaac Newton (1643–1727) bereits das Trägheitsgesetz der klassischen Mechanik formuliert hätte. Nach dem ersten der drei Gesetze verbleibt jeder

Gegenstand in dem Zustand, in dem er sich befindet, wenn keine Veränderungen von außen erfolgen. (AT IX-2, 84f.; AT VIII-1, 62f.) Derjenige Gegenstand, der in Ruhe ist, verbleibt in Ruhe, und derjenige, der in Bewegung ist, bewegt sich weiter. Das zweite Gesetz besagt, dass alle Körper, die sich bewegen, dazu tendieren, ihre Bewegung geradlinig fortzusetzen. (AT IX-2, 85f.; AT VIII-1, 63f.) Und das dritte, das Stoßgesetz lautet wie folgt: Wenn ein bewegter Körper auf einen anderen aufprallt, und Ersterer weniger Kraft hat, sich auf gerader Linie weiterzubewegen, als der Körper, auf den er aufgeprallt ist, Widerstandskraft hat, wird Ersterer in eine andere Richtung abgelenkt. (AT IX-2, 86f.; AT VIII-1, 65) Der Begriff der Trägheit und der der geradlinigen Bewegung in einem Gesetz zusammengefasst ergeben schließlich das Gesetz der Trägheit, das in der newtonschen klassischen Mechanik das erste Gesetz der Bewegung ist. Bei Descartes bleiben die beiden Begriffe allerdings noch weitgehend getrennt nebeneinander stehen. (AT III, 619)

Für Descartes ist mithin nicht mehr die Kreisbewegung die kosmische Bewegung, die die Ordnung des Universums bestimmt, sondern die geradlinige. Aus den geradlinigen Bewegungen setzen sich die anderen zusammen, und sie sind alle prinzipiell berechenbar. Und wenngleich die Kreisbewegung als kosmische Bewegung für Descartes an Bedeutung verliert, geht er nicht davon aus, dass man, um die Natur und die weltlichen Phänomene besser zu verstehen, mit der Physik für die irdischen Phänomene anfangen sollte. Descartes' Physik geht von Überlegungen zur Kosmologie aus und wendet sich erst dann dem irdischen Geschehen zu. Er verwendet sogar mehr Aufmerksamkeit darauf, die materielle Struktur und Bildung des Universums und der Erde zu erläutern, als mathematische Gesetze für natürliche Phänomene ausfindig zu machen. Und das, obwohl er den Anspruch vertritt, nur diejenigen Prinzipien in der Physik anzunehmen, die auch in der Mathematik anerkannt sind. (AT IX-2, 101) Es gibt bereits einige Ansätze, um diesen Widerspruch aufzulösen. So wurde diese Haltung aus der cartesischen Grundannahme erklärt, dass das Materielle mit dem Ausgedehnten gleichzusetzen ist. Form und Beschaffenheit des Universums erklären sich aus dieser Annahme ebenso wie die der irdischen Körper.[16]

Eine weitere Erklärung könnte in der Bedeutung Gottes für die cartesische Physik zu suchen sein. Gott sichert die Existenz und Bewegung der Körper, er erhält die Quantität der Bewegung konstant, er versetzt die Körper in Bewegung, ohne willkürlich einzugreifen, so dass sie von der geradlinigen Bewegung nur abweichen, wenn sie aufeinander prallen. Und Gott hat die Materie, aus der das Universum entstanden ist, ebenso geschaffen wie die Gesetze, die von der Schaffung des Universums an gelten. Die Gesetze, welche die Bewegungsabläufe im Universum bestimmen, bestimmen demnach auch die in der Natur der Erde. Mit dem Universum zu beginnen bedeutet für Descartes also, am Anfang zu beginnen.

Es lässt sich jedoch noch ein weiterer Hinweis geben, warum Descartes mit seinen Überlegungen zur Physik bei der Kosmologie ansetzt. Es klang schon verschiedentlich an, dass er an einer Entwicklung teilhat, die zur Vorstellung des modernen Gesetzesbegriffes geführt hat. In unserem Sinn hat ein Naturgesetz den Charakter der Allgemeingültigkeit; d. h. es gibt keine Ausnahmen und keine Zufälle, die dazu geführt hätten, dass die Dinge so sind, wie sie sind. Als Erklärung dafür, dass die Dinge so sind, wie sie sind, werden eben allgemein gültige Gesetze angeführt und nicht etwa Ursachen, wie es in der aristotelischen Physik der Fall war. Solche Gesetze sind Allaussagen, die nicht durch Messungen oder Experimente widerlegt sind und sich nicht mit speziellen Körpern, etwa nur der Erde, befassen, sondern mit Körpern im Allgemeinen. Sie gelten in beliebig reproduzierbaren Situationen. Um zu diesem Verständnis von Gesetz zu kommen, muss erst einmal die Vorstellung entwickelt worden sein, dass dieselben Prinzipien überall gelten, nicht nur auf dieser Erde, sondern in allen möglichen Welten.

Wir fassen den Begriff der möglichen Welten heute als einen

logischen Begriff auf, als eine Denkmöglichkeit. Ein solches Verständnis musste sich aber erst entwickeln. So ging Nikolaus von Kues zunächst von der realen Existenz einer Vielzahl von Welten aus. Da die Dinge, auch die Erde, für ihn nur insofern existieren, als sie aufeinander bezogen sind, existieren die Dinge in der Welt ebenso wenig selbstständig wie die Welt selbst. Er nimmt daher konsequenterweise an, dass das Universum unendlich ist und dass es eine Vielzahl von Welten gibt, die unserer ähneln. Im Zusammenhang mit der Annahme einer Vielzahl von Welten verweist Nikolaus bereits auf die Renaissance-Vorstellung, dass jeder Himmelskörper ein Zentrum der Anziehungskraft ist und nicht lediglich die Erde als der ausgezeichnete natürliche Ort das maßgebliche Zentrum der Anziehungskraft darstellt.

Die Vielzahl von Welten wird also kosmologisch und damit ontologisch als real existierend gedacht und noch nicht logisch, als Denkmöglichkeit aufgefasst. Die Annahme einer Vielzahl möglicher Welten erleichtert das Entstehen des uns bekannten Begriffs eines Naturgesetzes insofern, als sie hilft, einen umfassenden Begriff des Allgemeinen zu entwickeln, der nicht nur die irdischen Vorkommnisse umfasst. Es ist also kein Zufall, dass Descartes sein Verständnis von Gesetzen nicht nur mit seinen Überlegungen zur Kosmologie in Verbindung bringt, sondern auch darauf verweist, dass Gesetze in allen möglichen Welten gelten müssen: »[…] und ich versuchte deutlich zu machen, daß selbst wenn Gott mehrere Welten geschaffen hätte, es keine einzige geben könnte, wo [die Gesetze] nicht beobachtet werden würden.« (AT VI, 44; Übers. Ostwald, S. 83) An diesem Zitat sehen wir, dass Descartes bereits von der rein kosmologisch-ontologischen Denkweise zu einer logischen gelangt ist, die Denkmöglichkeiten einbezieht. Es wäre dennoch übertrieben zu behaupten, Descartes hätte bereits über einen Begriff des Naturgesetzes in unserem Sinne verfügt. Er versucht nämlich in erster Linie, mithilfe deduktiver Überlegungen kausale Erklärungen für natürliche Phänomene zu geben. Es ist die Erforschung der Ursachen sinnlich wahrnehmbarer Phänomene, die es uns erlaubt, den kausalen Prozess zu verstehen, durch welchen Gott sie erschaffen hat. Ausgehend von den Ideen der Mathematik, über die wir durch göttliche Gewähr verfügen, ermöglicht es uns die Erforschung der Ursachen der materiellen Dinge, auch das klar und deutlich einzusehen, was eine Realisation in der Natur hat. So kann man auch annehmen, dass es die Erforschung dieser Ursachen beziehungsweise der Mechanismen der physikalischen Phänomene war, die Descartes zu seinem physikalisch-kosmologischen System gebracht hat.[17]

Dass Descartes noch über keinen Begriff des Naturgesetzes in unserem Sinne verfügt hat, lässt sich mit weiteren Überlegungen stützen.[18] Descartes fasst Ursachen zwar nicht mehr im aristotelischen Sinne als Form- und Zielursachen auf, weil er den Bezug auf Formen als Erklärung, wie bereits festgestellt wurde, ablehnt. Daher kann man bei der Erklärung natürlicher Prozesse nicht, wie Aristoteles glaubte, auf Formen Bezug nehmen, die sich mit Materie verbinden. So lässt Descartes die Erklärung nicht gelten, dass ein Stein nach unten falle, weil eine Form ihn in diese Richtung ziehe und eine solche Bewegung verursache. Das Fallen des Steins muss durch ein Gesetz erklärt werden, damit es sich auch im Sinne Descartes' um eine Erklärung handelt. Das bedeutet aber nicht, dass der Begriff der Ursache keinen selbstverständlichen Platz in Descartes' Verständnis der Erklärung natürlicher Phänomene hat.

Naturgesetze sind für Descartes nämlich durchaus Ursachen. In den *Principia philosophiae* bestimmt er Naturgesetze als sekundäre und partikulare Ursachen, die sich direkt aus Gott als der primären allgemeinen Ursache ergeben. (AT VIII-1, 62) Wesentlich ist für Descartes' Verständnis der natürlichen Phänomene und den Aufbau seiner Physik mithin, dass man ausgehend von Gott als der primären Ursache die sekundären Ursachen ableitet.

Ethik und mechanistische Physiologie – Mensch und Körper

»Denn wir nennen gewöhnlich das gut oder schlecht, von dem unsere inneren Sinne oder unsere Vernunft uns veranlassen, es als unserer Natur angemessen oder als ihr entgegengesetzt zu beurteilen.« (Vgl. AT XI, 391; Übers. Hammacher, S. 131) Was bezeichnet Descartes als »unsere Natur«? Wenn diese Frage geklärt ist, können wir zu der Frage kommen, ob Descartes mit seinem Werk *Les passions de l'âme* eine mechanistische Physiologie oder eine Ethik geschrieben hat.
Er selbst sagt über sich, dass er als Naturphilosoph (Physicien) schreibt, das wäre in unserer heutigen Begrifflichkeit ein Naturwissenschaftler. Dieser Hinweis spräche dafür, dass er eher eine mechanistische Physiologie geschrieben hat als eine Ethik. Dennoch wird dieses Werk in der Literatur stets als Descartes' Ethik bezeichnet.
In den *Meditationes de prima philosophia* lassen sich u. a. zwei wichtige Naturbegriffe ausmachen, einen Begriff, der hier der »normative« genannt wird, und einen anderen, der auf die »eigentliche« Natur einer Sache zielt und den physikalischen Gegebenheiten entspricht. (In *Le Monde* schreibt Descartes auch einmal, dass er mit »Natur« die Materie selbst bezeichnet. Vgl. AT XI, 37. Da »Materie« ein Begriff aus der Physik ist, liegt hier der zweite Naturbegriff vor). Auf diese beiden Begriffe soll nun kurz eingegangen werden, ehe gezeigt wird, dass in den *Passions de l'âme* mit dem »Naturell eines Menschen« ein dritter Naturbegriff hinzukommt, der einiges über das Anliegen und die Ausrichtung dieser Schrift zu sagen erlaubt.
Das, was nach Descartes zumeist mit der Natur einer Sache bezeichnet wird, korrespondiert mit den Maßstäben des menschlichen Denkens. Ob etwas der Natur der Sache ent-

spricht, wird beispielsweise am richtigen oder falschen Funktionieren gemessen, und dieser Maßstab wird von Menschen, nicht von der Physik, eingeführt:

»Zwar könnte ich, wenn ich an die ursprünglich beabsichtigte Verwendung der Uhr denke, sagen, sie wiche von ihrer ›Natur‹ ab, wenn sie die Stunden nicht richtig angibt, und ebenso könnte ich, wenn ich die Maschine des menschlichen Körpers als gleichsam für die Bewegungen eingerichtet ansehe, die in ihr abzulaufen pflegen, glauben, daß auch er von seiner Natur abirrt [...]. Dennoch kann es mir gar nicht entgehen, daß diese letzte Bedeutung der ›Natur‹ von der ersteren weit verschieden ist. Die ›Natur‹ ist in diesem Falle nämlich nur eine aus dem Denken herausgenommene Bezeichnung, das den kranken Menschen und die schlecht angefertigte Uhr mit der Idee des gesunden Menschen und der richtig gemachten Uhr vergleicht; und sie haftet den Dingen, von welchen sie ausgesagt wird, nur äußerlich an. In dem früheren Sinne aber verstehe ich unter ›Natur‹ etwas, das sich tatsächlich in den Dingen vorfindet und das demnach einige Wahrheit in sich schließt.« (AT VII, 84; Übers. Gäbe, S. 153)

Die Prinzipien, die der physikalischen Natur der Sachen zugrunde liegen, entsprechen ewig wahren, von Gott geschaffenen Prinzipien, die nicht vom menschlichen Verstand entwickelt wurden. (AT VII, 84) Mit diesem Begriff der Natur hatten wir es auch im Kapitel »Geist und Natur« zu tun.
Gerade in den *Passions de l'âme* gibt es jedoch zahlreiche Stellen, die zu keinem dieser beiden Naturbegriffe zu passen scheinen. So heißt es etwa: »Der Schmerz ist von Natur aus dafür vorgesehen [...], der Seele den Schaden anzuzeigen, den der Körper durch diese Tätigkeit erleiden könnte« (AT XI, 399 f.; Übers. Hammacher, S. 149), oder aber dass er sich »nicht dazu überreden kann, daß die Natur den Menschen irgendeine Leidenschaft gegeben hätte, die immer lasterhaft sei« (AT XI, 462; Übers. Hammacher, S. 273). Hier ist weder die physikalische Natur einer Sache, noch der Maßstab des Menschen gemeint, sondern eine nicht näher erklärte, agierende

Umwelt. Denn die Naturgesetze haben keine Absichten, wie etwa einen möglichen Schaden anzuzeigen, oder Leidenschaften zu vergeben. Physikalische Gesetze ordnen ohne Zwecke, sie selbst sind Prinzipien, aber sie haben keine Prinzipien.

Wir werden sehen, dass es nach Descartes die Funktion von Leidenschaften oder Emotionen ist, Schaden und Nutzen für das Überleben des Körpers und damit letztlich auch der Seele anzuzeigen. Es handelt sich hier also um einen funktionalen Begriff der Natur. Descartes hält fest, dass der Nutzenaspekt der Leidenschaften ein natürlicher ist und sich nicht aus Reflexionen ergibt. Es komme deshalb durchaus vor, so Descartes, dass etwas Freude bereite, obgleich es für den Körper schädlich sei. Wir kennen dieses Phänomen insbesondere vom Essen und Trinken. Dass es sich in Wirklichkeit doch um schädliche Dinge handle, wiewohl sie uns Freude bereiten, müsse dann über den Verstand festgestellt werden (Vgl. AT XI, 431; Übers. Hammacher, S. 211), denn es gibt offensichtlich keine natürliche, d. h. physiologische Metainstanz, die uns darüber Aufschluss geben würde. Die Bewertung einer Situation mithilfe des Verstandes wird von Descartes mithin als zuverlässiger eingestuft als die physiologische Einschätzung des Körpers. Dieses Ergebnis unterstreicht nochmals, dass hier mit einem anderen Naturbegriff operiert wird, als demjenigen, für den physikalische Gegebenheiten konstitutiv sind. Physikalische Gesetze sind nicht irreführend, sondern geben das eigentliche, das wahre Geschehen preis, während physiologische Mechanismen, die rein mechanisch funktionieren, zu Irrtumern fuhren können. Mit dieser Irrtumsmöglichkeit des materiellen Organismus sind wir wieder bei Fragen der Erkenntnis angelangt, die Descartes diesmal mit ethischen Überlegungen verbindet.

Denn wenn die Leidenschaft einen wahren, keinen vermeintlichen Nutzen angibt, zeigt sie dem Menschen auch etwas Wahres an und veranlasst ihn dadurch, sich zu vervollkommnen. (Vgl. AT XI, 432; Übers. Hammacher, S. 213) Sich zu vervollkommnen ist ein bekanntes Ziel antiker Ethiken, das Descartes hier übernimmt. Er verbindet es mit der Vorstellung, dass dadurch das wahrhaft Gute erreicht würde, und verbleibt in dieser Hinsicht ebenfalls im Rahmen antiker Ethikvorstellungen. Die Art und Weise, wie er dies mit physiologischen Erklärungen verbindet, ist allerdings vollständig neu. Dass er mit seiner Ethik nicht auf traditionelle Ethikvorstellungen zurückgreift, ist ihm so wichtig, dass er es zu Beginn der *Passions de l'âme* erwähnt. Ein weiteres Indiz für diese Selbsteinschätzung: Descartes zitiert in seinem gesamten Werk nur einmal Verse, und zwar um dem französischen Botschafter in Stockholm, Chanut, die Vor- und Nachteile von Liebe und Hass zu erläutern. Diese Zeilen stammen von Théophile de Viau (1590-1626), einem intellektuellen Freigeist, der aufgrund seiner Schriften verurteilt wurde. Indirekt gibt Descartes dadurch zu erkennen, dass er sich mit seinen Überlegungen zu Emotionen in den *Passions de l'âme* auf der Seite der Neuerer sieht.[19]

Weiteren Aufschluss über den physiologischen Naturbegriff bietet folgendes Zitat: »Was die Undankbarkeit betrifft, so ist sie nicht eine Leidenschaft; denn die Natur hat uns keine Bewegung der Lebensgeister gegeben, die sie hervorrufen könnte. Sie ist lediglich ein Laster.« (AT XI, 474; Übers. Hammacher, S. 297) Eine Leidenschaft oder Emotion muss also mit einer Bewegung der Lebensgeister, mit einer körperlichen Erregung einhergehen, während ein Laster ein Fehlverhalten ist, das geistig bedingt ist. Später ergänzt Descartes, dass man sein Naturell oder seine Natur hinsichtlich der Leidenschaften korrigieren könne, indem man sich darin übe, die Bewegungen der Lebensgeister und des Blutes zu beeinflussen. (Vgl. AT XI, 486; Übers. Hammacher, S. 321) Da die Lebensgeister, wie bereits erwähnt, für Descartes sehr kleine Bestandteile des Blutes und somit Körper sind, muss man schließen, dass er auch hier seinem mechanistischen Modell des Körpers folgt. Denn weder göttliche Inspiration noch animistische Vorstellungen, sondern Mechanik liegt den körperlichen Veränderungen zugrunde, die er mit großer Genauigkeit als

Emotionen beschreibt. Das Naturell eines Menschen ist demzufolge von der physiologischen Grundausstattung abhängig, mit der er geboren wurde. So erklärt Descartes die Tatsache, dass die einen Mut beweisen, wo andere mit Flucht reagieren, dadurch, dass jedes Gehirn unterschiedlich ist. (Vgl. AT XI, 358; Übers. Hammacher, S. 65)

Die physiologische Ausstattung des Menschen bestimmt also die Natur oder das Naturell des einzelnen Menschen. Dass es sich um einen Menschen handelt, zeigt sich im Vorhandensein von Verstand. Denn Denken macht den Menschen als Menschen aus; Denken definiert die Natur des Menschen in einem notwendigen und damit immer gültigen Sinne.

In den *Passions de l'âme* wird die physiologische Komponente der Emotionen betont. Descartes geht so weit, festzustellen, dass es ohne den Körper keine Emotionen gäbe. Das bedeutet letztlich auch, dass es ohne den Körper, ohne Physiologie auch keine Ethik gäbe, da wir nicht richtig beziehungsweise falsch handeln könnten und zudem keine Emotionen hätten. (Vgl. AT XI, 434; Übers. Hammacher, S. 217) Ethik ist die Disziplin, die sich damit beschäftigt, wie wir handeln sollen. Wenn wir über unseren Verstand unser Naturell und die daraus resultierenden Handlungen korrigieren können, ist das ethisch bedeutsam: »Da aber diese Leidenschaften uns nur zu irgendeiner Handlung veranlassen können vermittels des Begehrens, das sie hervorrufen, ist es besonders das Begehren, das wir bemüht sein müssen zu regeln. Darin besteht der hauptsächliche Gebrauch der Moral.« (AT XI, 436; Übers. Hammacher, S. 221)

Man muss sich also darin üben, die Bewegungen der Lebensgeister und des Blutes zu beeinflussen. Die Steuerung der mechanischen Vorgänge im Körper bedeutet eine Gefühls- oder Emotionsregulation, die einen direkten Einfluss auf unser Handeln hat. Das durch den Verstand als richtig Erkannte lässt sich mithin nur in richtiges Handeln umsetzen, wenn die körperlichen Vorgänge in dieser Richtung beeinflussbar sind.

Letztlich bedeutet das systematisch allerdings nichts Geringeres, als dass neben der notwendigen Geltung der Naturgesetze die Dimension der Freiheit in Descartes' Philosophie Einzug hält. Denn soll die mechanisch ablaufende Physiologie beeinflussbar sein, kann noch nicht alles Geschehen determiniert, d.h. vorherbestimmt sein. Und ganz in der Tradition der antiken Ethik verbindet Descartes den Begriff der Freiheit mit dem der Autonomie, das bedeutet, mit dem der Selbstbestimmung: »Aber zugleich haben wir die Freude, [die Emotionen] von uns veranlaßt zu empfinden, und das ist eine intellektuelle Freude, die genausogut aus der Trauer wie aus allen übrigen Leidenschaften entstehen kann.« (AT XI, 441; Übers. Hammacher, S. 231)

Sein Naturell zu beeinflussen, zu bestimmen, wie man ist und was man tut, sich selbst Normen zu setzen, die man erfüllen kann und erfüllen möchte, kurz: über Autonomie zu verfügen, ist bei Descartes mithin nicht allein eine Angelegenheit des Verstandes. Zwar geht sie vom Verstand aus, aber es handelt sich auch um eine Angelegenheit der emotionalen Verfasstheit, die immer zugleich eine physiologische Verfasstheit ist. Über den Verstand haben wir Einfluss auf diese Verfasstheit und diese bestimmt unsere Emotionen und damit auch unser Handeln.

Die Möglichkeit, die eigenen Verhaltensweisen zu steuern und die damit einhergehende Selbstkontrolle sind allerdings nicht gleichzusetzen mit einer bewussten, langfristig angelegten Gestaltung der Lebensführung, mit der sich antike Ethiker beschäftigt haben. Die Selbstregulation der Emotionen, die Descartes im Sinn hat, ist der Reparatur eines »in die Irre geführten«, fehlerhaft arbeitenden Räderwerks ähnlicher als einer Lebensplanung, die auf die Entwicklung eines (autonomen) Selbst hinausläuft. Das autonome Selbst ist bei Descartes durch den Verstand gegeben und muss nicht erst entwickelt werden. Insofern schließt sich Descartes den Vorstellungen antiker Philosophen in diesem Punkt nur bedingt an.

Für René Descartes sind Emotionen oder Leidenschaften Wahrnehmungen (AT XI, 349), Aktivitäten des Körpers, die auf die Seele wirken, und eine überlebenswichtige Funktion für den Körper und damit auch für die Seele haben. Mit dieser Betonung der ökologischen Funktion von Emotionen ist Descartes der Erste, der Emotionen eine biologische Funktion zuschreibt. Da seine Überlegungen aber nicht mit einer Vererbungslehre gekoppelt sind, liegt hier, obgleich Descartes die Nützlichkeit von Emotionen für das Überleben derart hervorhebt, kein evolutionstheoretischer Ansatz vor.

Emotionen zeigen uns nach Descartes ebenso wie Empfindungen externe Körper nicht genau, wie sie sind, sondern nur insofern sie uns betreffen und für uns von Vorteil oder Nachteil sein können (AT XI, 372 (Leidenschaften); AT VII, 83 (Empfindungen); AT V, 271 (Empfindungen)). Die Sinne und die Emotionen ermöglichen es somit dem Körper und mit ihm dem Geist, in einer physikalischen Umwelt zu überleben. Ein Beispiel mag dies verdeutlichen: Wenn wir im Wald plötzlich einen Wolf erblicken, wird uns das Gefühl der Angst veranlassen, möglichst schnell auf einen Baum zu klettern, um uns in Sicherheit zu bringen.

Insofern die Emotionen zur Selbsterhaltung des Körpers beitragen, indem beispielsweise die Emotion der Angst dem Geist anzeigt, bei wem es sich um einen möglichen Angreifer handelt, und damit »etwas aus der Welt« vermittelt, haben sie auch eine kognitive Funktion, weil sie etwas in der Außenwelt repräsentieren. Die Sinne zeigen dem Geist also nicht, was ein Körper im Sinne eines cartesischen Naturphilosophen oder Physikers ist, und damit nicht, wie es die Physik tut, die eigentliche oder wahre Natur der Dinge. Die Sinne geben uns vielmehr mittels des eigenen körperlichen Wohlbefindens bestimmte Anhaltspunkte über den Zustand der Welt. Die ökologisch relevanten Eigenschaften der Körperwelt werden auf diese Weise der »res cogitans« repräsentiert. Den in der Seele erregten Emotionen (nicht der Fluchtreaktion) kommt mithin eine epistemologische Funktion und damit auch eine kognitive Funktion oder Repräsentationsfunktion zu.

Descartes hat, wie bereits im Kapitel »Geist und Natur« erläutert, die Funktion der Empfindungen und Emotionen nicht im Bereich der Repräsentation physikalischer Gegebenheiten gesehen, sondern ihnen eine biologisch-ökologische Funktion zugeschrieben. Die Empfindungen und Emotionen repräsentieren für Descartes keine physikalischen Gegebenheiten, weshalb es sich auch nicht um eine klare und deutliche Repräsentation handelt. Da ihnen keine mathematischen Wahrheiten zugrunde liegen, repräsentieren sie die Beziehungen zwischen dem Körper und seiner Umwelt vielmehr in konfuser Weise.

Anhand des Konzeptes »Emotion« oder »Gefühl«, das von den Konzepten des Bewusstseins und der Empfindung nicht zu trennen ist, lässt sich bei Descartes auch eine Differenzierung des Verhältnisses von Bewusstsein, Körperzuständen und Emotionen oder Gefühlen ausmachen, die sonst nicht ins Blickfeld gelangt. Er geht nämlich einerseits von Gefühls- und Bewusstseinszuständen aus, die sich naturalisieren lassen, und andererseits von solchen, die mitunter an Letztere anknüpfen, die sich aber nicht vollständig naturalisieren lassen, weil sie mit Denken und Bewusstsein einhergehen. Das ist deshalb besonders spannend, weil die vollständige Dichotomie von Körper und Geist, wie wir sie bei Descartes ansonsten fast immer durchgehalten finden, damit durchbrochen wird.

Descartes' Ausführungen über Emotionen bedeuten eine gewisse »Aufweichung« seines starren Körper-Geist-Dualismus. Er ist der Erste, der Emotionen eine informative und damit kognitive Funktion zuschreibt, die primär körperlich verankert ist. Bemerkenswert ist, dass der Dualismus in den Naturalisierungsstrategien der folgenden Jahrhunderte nicht überwunden wurde, die epistemologische Funktion von Emotionen, mit der Descartes seinen eigenen Dualismus immerhin bis zu einem gewissen Grad aufhebt, in der Entwicklung des Denkens über Emotionen jedoch in Vergessenheit geriet.

Mit den Emotionen beschäftigt sich Descartes als Naturphilosoph, d. h. als Naturwissenschaftler.[20] Dennoch spricht er von den Leiden(schaften) der Seele. Schauen wir uns daher genauer an, welchen Anteil die Seele beziehungsweise das Bewusstsein am Zustandekommen dieser Leidenschaften einerseits hat und welchen der Körper andererseits: »Beispiel für die Art, wie die Leidenschaften in der Seele erregt werden: Wenn die [...] Gestalt [...] sehr fremdartig und schreckerregend ist, d. h. wenn sie viele Beziehungen zu den Dingen hat, die früher schon dem Körper schädlich waren, ruft das in der Seele die Leidenschaft der Angst hervor, und darauf auch Kühnheit oder Furcht und Schrecken, gemäß der verschiedenen Beschaffenheit des Körpers oder der Kraft der Seele, und gemäß der Art, wie man sich vorher gegenüber schädlichen Dingen, mit denen der gegenwärtige Eindruck Verwandtes hat, durch Verteidigung oder Flucht geschützt hat. Denn das hat das Gehirn derartig bei manchen Menschen geprägt, daß die Lebensgeister, die das Bild auf der Drüse wiedergeben, von da zum Teil in die Nerven strömen, die dazu da sind, den Rücken zu wenden und die Beine zur Flucht zu veranlassen [...].« (AT XI, 356; Übers. Hammacher, S. 61)

Descartes stellt bereits einen Zusammenhang zwischen Emotionen und der damit jeweils einhergehenden Handlungsbereitschaft her. Dieser Aspekt wird heutzutage in Emotionstheorien häufig vergessen. Die Handlungen, die sich aus der Handlungsbereitschaft ergeben, die Reaktionen auf ein furchterregendes Ereignis laufen mechanisch ab. Aber sie laufen je nach Prägung durch vorangegangene Verhaltensweisen durchaus unterschiedlich ab. Die Unterschiedlichkeit der ersten Reaktionen, die sich dann in den Verhaltensweisen fortsetzt, erklärt Descartes u. a. mit der unterschiedlichen materiellen Ausstattung der Gehirne der einzelnen Menschen, ihrer angeborenen Physiologie beziehungsweise ihres angeborenen Naturells.

Das ablaufende Geschehen – die Flucht – muss vom Bewusstsein dann bejaht oder gewollt werden. »Es ist wichtig festzuhalten, daß die Hauptwirkung der Leidenschaften darin besteht, daß sie ihre Seele anregen und instandsetzen, die

Dinge zu wollen, zu denen ihre Körper sie veranlassen, derart, daß das Gefühl der Furcht anregt, fliehen zu wollen, das der Kühnheit, kämpfen zu wollen und ähnlich alle anderen.« (AT XI, 359; Übers. Hammacher, S. 67) Und weiter heißt es: »Ich möchte jedoch außerdem bemerken, daß die Objekte, welche die Sinne bewegen, nicht aufgrund der Verschiedenheiten, die in ihnen liegen, die verschiedenen Leidenschaften in uns erregen, sondern allein aufgrund der verschiedenen Art, gemäß der sie uns nützen oder schaden können, oder überhaupt für uns von Bedeutung sind. Auch besteht der Nutzen aller Leidenschaften allein darin, daß sie die Seele veranlassen, das zu wollen, was die Natur uns als nützlich angibt, und in diesem Willen beharrlich zu sein [...].« (AT XI, 372; Übers. Hammacher, S. 93)

Da der Wille nach Descartes vollständig frei ist, nimmt er folgerichtig an, dass der Wille für die physiologisch basierten Leidenschaften lediglich eine Instanz ist, die die körperlichen Abläufe aktiv verstärkt, indem sie eben auch gewollt werden. Damit dieser Willensakt zustande kommt, muss die Handlung zuvor vom Verstand auf ihre Richtigkeit hin geprüft werden. Diese Richtigkeit ist zwar im Prinzip von den Leidenschaften schon angezeigt; es muss jedoch stets geprüft werden, ob sie einem Urteil durch den Verstand standhalten kann. Die Fluchtbewegung aufgrund der furchterregenden Situation würde auch ohne Beteiligung des Bewusstseins oder des Willens ablaufen. Sie ist in diesem Sinne ein automatischer, körperlicher Vorgang, der mit der Handlungstendenz zusammenfällt. Kommt der Verstand allerdings zu dem Urteil, dass eine Leidenschaft oder Emotion nicht das für den Körper wirklich Nützliche angibt, sondern ihn in die Irre führt, muss es eine Möglichkeit geben, die Leidenschaften und die aus ihnen folgenden Handlungen zu beeinflussen.

Diese Möglichkeit gibt es laut Descartes, allerdings nur in indirekter Weise. Das Bewusstsein beziehungsweise der Wille kann unsere leidenschaftlichen Emotionen nicht unmittelbar hervorrufen oder zum Verschwinden bringen, diese müssen vielmehr über Vorstellungen gelenkt werden. Nur indem wir uns Situationen vorstellen, in denen die entgegengesetzte Emotion als Reaktion ausgelöst wird, können wir eine Emotion unterdrücken, und nur indem wir uns eine Situation vorstellen, in der die gewünschte Emotion auftritt, können wir sie hervorrufen.

Der menschliche Körper sammelt, anders als man nach einem ersten Lesen von Descartes' Schilderung der Kampf- oder Abwehrreaktion meinen könnte, allerdings keine nachhaltigen Erfahrungen, er reagiert mechanisch auf seine Umwelt. In und mit dieser Umwelt macht er zwar Erfahrungen, aber der Körper selbst ist dabei für das Bewusstsein nicht erfahrbar. Das Bewusstsein erhält lediglich mechanisch übermittelte Signale vom Körper, auf die es in einer Art Parallelaktion unterstützend reagiert, so dass es beispielsweise die Fluchtbewegung gutheißt.

Descartes rückt die Wechselbeziehung von Menschen und Umwelt ins Zentrum der Funktionserklärung von Emotionen und gelangt so zu einer Ökologisierung von Emotionen. Diese Wechselbeziehung führt jedoch nicht dazu, den Menschen als organischen Teil der biologischen Welt zu verstehen. Und obgleich Descartes als Erster über die Erklärung der Funktion von Emotionen zu einer Ökologisierung von Emotionen gelangt und damit die Funktion von Emotionen in eine biologische Perspektive rückt, wird der Körper bei ihm kein Bestandteil des organisch verstandenen Menschen.

Er gibt die aristotelische Einteilung in Nicht-Belebtes und Lebewesen (mit Seele) zugunsten der Einteilung in denkende und nicht denkende Lebewesen auf. Nur den Menschen definiert er als ein denkendes Lebewesen (AT VII, 28 f.), das darüber hinaus bewusst empfindet und fühlt. Dabei versucht er nicht, Denken und Leben in einen, wenn auch nur zufälligen Zusammenhang zu bringen, sondern Denken und Physiologie, also Geist und Körper aufeinander zu beziehen. Deutlich wird dies auch, wenn er analysiert, was uns beim Sprechen bewusst ist: die Muskelbewegungen, die zu den Lauten führen, oder die Bedeutung dessen, was wir sagen? Daran ist zweierlei äußerst bemerkenswert. Zum einen, dass er diese Frage thematisiert, und zum anderen, auf welche Weise er es tut. Warum achten wir beim Sprechen nicht auf die Muskelbewegung, die dazu führt, dass wir bestimmte Sätze sprechen? Diese Frage stellt sich für Descartes, weil er davon ausgeht, dass wir etwas Bestimmtes sagen wollen und nicht einfach wie ein Sprechautomat determiniert Sätze von uns geben. Die Muskelbewegungen, die beteiligt sind, wenn die Sätze gesprochen werden, scheinen automatisch abzulaufen; wir sind uns ihrer beim Sprechen jedenfalls nicht bewusst. Wie aber kann es sein, dass bewusst gewählte Sätze von mechanisch determinierten Abläufen bestimmt werden? Descartes schreibt dazu: »Die Gewohnheit nämlich, die wir erlangt haben, als wir sprechen lernten, hat dazu geführt, daß wir die Tätigkeit der Seele, die mittels der Hirndrüse die Zunge und die Lippen bewegen kann, mit der Bedeutung der Worte verbunden haben, die diesen Bewegungen entsprechen; eher als mit den Bewegungen selbst.« (AT XI, 362; Übers. Hammacher, S. 73)

Die gesprochene Sprache, und als solche erlernen wir Sprache, ist an Muskelbewegungen gebunden, daher scheinen unsere Gedanken mit diesen Muskelbewegungen in Verbindung zu stehen. Dem ist aber nicht so, wäre hier zu ergänzen. Es scheint nur so zu sein, weil wir uns daran gewöhnt haben, dass dieselben Gedanken dieselben Sätze und damit dieselben Muskelbewegungen hervorrufen. Einfluss nehmen kann der Geist nur auf die Hirndrüse, die Descartes als die Schaltstelle zwischen Bewusstsein und Körper ausmacht. Von dieser Stelle aus und über diese Stelle kann das Bewusstsein Einfluss auf die kleinen Lebensgeister, sprich die kleinen Körper, nehmen, auf die es direkt keinen Einfluss hat. Da dies so ist, kann das Bewusstsein oder der Geist auch keinen direkten Einfluss auf die Leidenschaften nehmen, in deren Definition eingegangen ist, dass sie durch Bewegungen der Lebensgeister, also kleiner, sehr schneller Körper, hervorgerufen werden.

Wie lassen sich in diese Vorstellung die von Descartes so genannten intellektuellen Emotionen einordnen? Descartes kennt sinnliche und intellektuelle Emotionen: »[...] ich unterscheide zwischen der Liebe, die rein intellektuell oder vernünftig ist, und jener, die eine Leidenschaft ist. Die erste ist, wie mir scheint, nichts anderes als der Umstand, daß unsere Seele sich, wenn sie etwas Gutes erkennt [...], das sie als zuträglich beurteilt, willentlich mit ihm verbindet. [...] Aber wenn unsere Seele mit einem Körper verbunden ist, wird diese Liebe gewöhnlich von einer anderen begleitet, die man sinnlich oder sinnenhaft nennen kann, und diese [...] ist nichts anderes als ein konfuser Gedanke, der in der Seele durch eine Nervenbahn verursacht wird und für die andere, die intellektuelle Liebe, empfänglich macht.« (AT IV, 601 ff., Übers. Perler, Cartesische Emotionen, in: A. Kemmerling/ H.-P. Schütt (Hg.), Descartes nachgedacht, S. 65, Fn. 29)
Die so genannte intellektuelle Liebe ist mit einer Schlussfolgerung verbunden, die sich für Descartes aus dem Begriff »gut« ergibt; die intellektuelle Liebe geht daher im Gegensatz zur sinnlichen mit begrifflichem Schließen einher: Wenn ich etwas als gut erkannt habe, dann impliziert dies, dass ich mir dieses Gute auch aneignen will. Es gibt nach dieser Logik nichts Gutes, an dem ich nicht auch partizipieren möchte. Aus der begrifflichen Notwendigkeit wird eine Handlungsnotwendigkeit, die den Willensentschluss zwar nicht vollständig determiniert, da der Wille immer frei ist, aber doch weitgehend bestimmt. Da für Descartes das Paradigma für Denken mathematische Deduktionen sind, ist schlussfolgerndes Denken auch das dem Erkennen zugrunde liegende Prinzip. Und der Unterschied zwischen der sinnenhaften Emotion und der so genannten intellektuellen besteht gerade darin, dass bei der intellektuellen Emotion eine Schlussfolgerung involviert ist.
Auf dieser Ebene treffen Denken, Physiologie und Ethik aufeinander. »Das Gute« ist neben »dem Gerechten« wohl der bedeutendste Grundbegriff der (antiken) Ethik. Es bestimmt die

grundlegende Orientierung für Leben und Handeln eines Menschen. Wenn wir etwas als »gut« erkannt haben, ziehen wir daraus Schlüsse für unsere Handlungen, die wir dann ausführen sollten. Dazu hält uns unsere emotionale Ausstattung, die eine physiologische ist, auch an. Aber etwas, was als gut erkannt wurde, wird nicht automatisch in die entsprechende Handlung umgesetzt. Die Verbindung zwischen Erkennen und Physiologie ist keine determinierte, vielmehr haben wir nach Descartes einen freien Willen, so dass »unsere Seele sich, wenn sie etwas Gutes erkennt [...], das sie als zuträglich beurteilt, willentlich mit ihm verbindet« (AT XI, 387; Übers. Hammacher, S. 123). Dieser Wille ist ausschlaggebend dafür, dass das richtige Tun folgen sollte, aber nicht in determinierter Weise folgen muss. Die Handlung, die folgen sollte, ist durch den erkennenden Verstand festgelegt.

Bei Descartes besteht, das lässt sich abschließend festhalten, ein sehr enges Verhältnis zwischen mechanischer Physiologie und Ethik. Denn die laut Descartes mechanisch angelegte und zu erklärende Physiologie des Körpers gibt auch das Naturell des Menschen und damit seine emotionale Befindlichkeit und Reaktionsbereitschaft vor. Mit den daraus folgenden Handlungen und Reaktionen kommt die Ethik ins Blickfeld. Wenn man seinem eigenen Naturell folgen kann, weil es einem das Richtige in einer Situation vorgibt, handelt man auch gut: »Denn wir nennen gewöhnlich das gut oder schlecht, was unsere inneren Sinne oder unsere Vernunft als unserer Natur angemessen oder als ihr entgegengesetzt beurteilt.« (AT XI, 391)

Zudem haben die Emotionen in der Regel einen Nutzen für das Überleben des Körpers und zeigen dem Menschen damit auch etwas Wahres über seine Umwelt an. Wenn dies der Fall ist und das eigene Naturell dadurch bestätigt und verstärkt wird, führt das schließlich auch dazu, dass man sich vervollkommnet. (Vgl. AT XI, 432; Übers. Hammacher, S. 213) Der Aspekt der Vervollkommnung meint durchaus eine Vollendung des Charakters, geht aber mit physiologischen Prozessen, die intensiviert und verfestigt werden, einher. Descartes vertritt nämlich,

wie bereits an früherer Stelle zitiert, die Ansicht, dass Verhaltensweisen das Gehirn prägen und daher einmal ausgeführte Verhaltensmuster in vergleichbaren Situationen wieder auftreten: »[...] gemäß der Art, wie man sich vorher gegenüber schädlichen Dingen, mit denen der gegenwärtige Eindruck Verwandtes hat, durch Verteidigung oder Flucht geschützt hat. Denn das hat das Gehirn derartig bei manchen Menschen geprägt, daß die Lebensgeister, die das Bild auf der Drüse wiedergeben, von da zum Teil in die Nerven strömen, die dazu da sind, den Rücken zu wenden und die Beine zur Flucht zu veranlassen [...].« (AT XI, 356; Übers. Hammacher, S. 61)
Stellen wir kraft unseres Verstandes allerdings fest, dass uns unsere emotionale Beschaffenheit oder Disposition das Falsche zu tun vorgibt, können wir unser emotionales Naturell dadurch korrigieren, dass wir lernen, die Bewegungen der Lebensgeister und des Blutes zu beeinflussen, indem wir uns entgegengesetzte Situationen vorstellen und damit konträre Emotionen hervorrufen. Das dann einsetzende Verhalten prägt das Gehirn in anderer Weise, was bedeutet, dass man sein Gehirn beziehungsweise sein Naturell auf diese Weise tatsächlich beeinflussen kann. Die volle Beherrschbarkeit der Emotionen gibt Descartes auch als einen Gegenstand seiner Untersuchungen an und als ein wünschenswertes Ziel für alle Menschen. (Vgl. AT XI, 370; Übers. Hammacher, S. 89)
Das Verhältnis von Verstandesfähigkeit und Emotionen ist noch in einer weiteren Hinsicht für die Ethik wichtig. Entscheidungen und Entschlüsse, die nicht allein auf emotionalen Dispositionen beruhen, sondern mithilfe des Verstandes als richtig erkannt werden, garantieren, dass man die entsprechenden Handlungen niemals bereuen wird. Sie bürgen also zum einen dafür, dass man richtig, und das heißt auch gut, handelt, und zum anderen dafür, dass man ein gutes Leben und damit in ethischer Hinsicht ein richtiges Leben führt. Hinzu kommt, dass die als richtig beurteilten Gedanken laut Descartes durch Emotionen beständiger gemacht werden. (AT XI, 383 u. 385) Er deutet damit bereits eine Funktion der

Emotionen für unsere Gedächtnisleistungen und für das Lernen an, die auch in den heutigen neurowissenschaftlichen Theorien vertreten wird. Wenn ein Gedanke mit einer Emotion einhergeht, ist es leichter, sich an ihn zu erinnern, als bei einem, bei dem dies nicht so ist.

Aber wenn Descartes betont, dass Reaktionen, die auf eine Emotion wie z. B. die der Angst folgen, durchaus ohne Beteiligung des Geistes vonstatten gehen können, also maschinell erfolgen (Vgl. AT XI, 358; Übers. Hammacher, S. 65; AT XI, 341; Übers. Hammacher, S. 31), zeigt dies nicht zuletzt, dass die Dichotomie zwischen Maschine und Geist in den *Passions de l'âme* doch durchgehalten wird. Sie ist wohl ausschlaggebend dafür, dass Descartes den Menschen nicht als organischen Teil der biologischen Welt verstehen kann, obgleich er die Wechselbeziehung des Menschen mit seiner Umwelt ins Zentrum der Funktionserklärung von Emotionen stellt (Ökologisierung von Emotionen).

Die Antwort auf die eingangs gestellte Frage, ob es sich bei Descartes' Werk *Les passions de l'âme* um eine Ethik oder eher um eine mechanistische Physiologie handelt, lautet daher: Es stellt den Versuch dar, das, was mittels des Verstandes als das in ethischer Hinsicht Richtige erkannt wurde, mit einer mechanistischen Physiologie in Übereinstimmung zu bringen.

Das Ich ein Traum? Nachwirkungen Descartes' im heutigen philosophischen Denken

Descartes' Zweifel beginnt damit, dass er sich fragt, ob er wirklich die Außenwelt wahrnimmt oder nicht vielmehr träumt und von einem bösen Geist getäuscht wird. Woran kann man zweifeln und woran nicht? Was ist der feste Grund, das unumstößliche Fundament des Denkens? Das sind Descartes' Ausgangsfragen, um zu einer sicheren Methode des Denkens und Urteilens zu gelangen, die nicht zuletzt auch die Wissenschaften voranbringen soll. Sein Zweifel wird daher als methodischer Zweifel bezeichnet. Das macht deutlich, dass Descartes keinen existenziellen Zweifel formuliert hat, er zweifelt nicht am Sinn oder an der Bedeutung des Lebens und er fürchtet auch nicht um sein Dasein in der Welt.

Die Angst, nur zu träumen, ist also philosophisch ertragreich, weil sie die Sicherheit des Wissens hinterfragt. Wie und wann Träume auftauchen, wie ein Traum beschrieben wird, sagt darüber hinaus aber auch viel über den Bewusstseinsbegriff aus, der hinter den Beschreibungen von Träumen steckt.

Bereits im ersten Kapitel dieses Buches wurde darauf hingewiesen, dass die Schilderung eines Traumes Auskunft über das dahinter stehende Subjektverständnis gibt. Denn wer Autor eines Traums ist, ob ein Gott oder der Träumende selbst, zeigt an, inwiefern sich derjenige, der einen Traum hat, als Subjekt versteht. Doch was bedeutet es, ein Bewusstsein zu haben? Jorge Semprún (geb. 1923) verbindet die Darstellung seiner Erfahrungen im Konzentrationslager Buchenwald in indirekter Weise mit Reflexionen zum cartesischen Subjekt und mit einer Kritik an dem damit verbundenen Menschenbild der Aufklärung.

Doch ehe wir uns dieser Schilderung zuwenden, sei nochmals kurz an Descartes' Verwendung der Begriffe »Traum«, »Täu-

schung« und »Bewusstsein« erinnert: »[...] ich will glauben, Himmel, Luft, Erde, Farben, Gestalten, Töne und alle Außendinge seien nichts als das täuschende Spiel von Träumen, durch die [der böse Geist] mir Fallen stellt [...]« (AT VII, 22; Übers. Gäbe, S. 39/41) »[Der] Einwand [...], ich träumte vielleicht, oder es sei alles das, was ich jetzt denke, nicht wahrer als das, was mir im Schlafe vorschwebt? Indessen – auch das ändert nichts; denn, selbst wenn ich träumte, so ist dennoch sicher alles wahr, was meinem Verstand einleuchtet.« (AT VII, 70 f.; Übers. Gäbe, S. 127-129) Und in diesem Sinne weiterführend: »[...] entschloß ich mich, mir vorzutäuschen, daß die jemals in meinen Geist eingetretenen Vorstellungen nicht wahrer wären als die Illusionen meiner Träume. Aber gleich darauf bemerkte ich, daß während ich auf diese Weise denken wollte, alles sei falsch, doch notwendig ich, der dies dachte, irgend etwas sei. Und indem ich bemerkte, daß diese Wahrheit: ich denke, also bin ich, so fest und sicher ist, daß sämtliche ausgefallensten Unterstellungen der Skeptiker nicht in der Lage sind, sie zu erschüttern, urteilte ich, daß ich sie ohne Bedenken als das erste Prinzip der Philosophie, die ich suchte, annehmen konnte.« (AT VI, 32; Übers. Ostwald, S. 63/65)
Diese Zeilen enthalten bereits sowohl Descartes' grundlegendes Fundament des Denkens und Wissens als auch Aussagen zu seinem Verständnis von Bewusstsein. Dazu gehört die Auffassung, dass wir uns hinsichtlich bestimmter Zustände bewusst sein können, dass wir uns ihrer bewusst sind. Wenn wir uns bewusst sind, dass wir es sind, die träumen, setzt das ein bestimmtes Verständnis von »Träumen« voraus. Und dass dieses Verständnis ein historisch durchaus kontingentes ist, sieht man, wenn man antike oder biblische Traumschilderungen heranzieht. In diesen bringt der Träumende die Träume nicht selbst hervor; vielmehr werden sie ihm von einem Gott eingegeben. Das bedeutet, dass der Träumende wie ein Wahrnehmender, ein Sehender ist, der nicht über sich als Träumenden nachdenken kann. Er kann damit aber auch nicht darüber nachdenken, dass er vielleicht lediglich träumt und nicht die

Wirklichkeit wahrnimmt. Der Traum, den er sieht, ist eine andere Form der Wirklichkeit, eine, in der ihm ein Gott etwas zeigt. Ein Traum ist in diesem Verständnis keine Vorspiegelung von Wirklichkeit, sondern das Sehen einer anderen Wirklichkeit. Dass die von Descartes unterstellte reflexive Bewusstseinsstufe – wir können uns hinsichtlich bestimmter Zustände bewusst sein, dass wir uns ihrer bewusst sind – nicht mitgedacht werden muss, lässt sich aber noch eindrücklicher an Semprúns Text zeigen:

»Das Leben ist kein Traum, oh nein, ich war einer. Und zudem: der Traum von irgend jemandem, der seit langem tot sein sollte. Ich habe bereits [...] jenes Gefühl erwähnt, das mich im Laufe der Jahre mitunter befällt. Die ruhige und völlig verzweifelte Gewißheit, nur ein Traumgespinst eines jungen Toten von einst zu sein.«[21]

An anderer Stelle reflektiert Semprún darüber, was ein Traum ist:

»›Es ist ein Traum‹, hatte Henk auf dem Appellplatz gesagt. Aber was ist ein Traum? Ist diese Landschaft mit ihrem Schnee von bläulichem Weiß, ihrer blassen Sonne, dem stillen Rauch da drüben ein Traum, der in mir entsteht? Oder bin ich ein Traum, der in mir entsteht? Oder bin ich ein Traum, der in dieser Landschaft entsteht, wie ein Rauch, kaum dichter als der da drüben?

Bin ich nicht nur irgendwie ein Traum künftigen Rauchs, träumerischer Vorahnung, jener rauchigen Unbeständigkeit, der der Tod wäre? Das Leben? Oder ist all das, diese Welt des Lagers [...], dieses ganze wimmelnde Leben nur ein Traum, in dem ich nur eine der Figuren wäre und aus dem irgend jemand eines Tages, nämlich derjenige, der ihn geträumt hat, vielleicht erwachen könnte? Und ist nicht sogar alles übrige, das Äußere, was es vorher gegeben hat, alles, was es nachher geben wird, nur ein Traum?«[22]

Wenn Traum und Leben sich nicht unterscheiden lassen, weil es keine Träume mehr gibt oder weil es kein Leben mehr gibt, wird der Traum zum Leben beziehungsweise das Leben zum

Traum. Semprún verdeutlicht die Möglichkeit, dass das eigene Leben vielleicht nichts ist als der Traum einer anderen Person, die selbst nicht mehr lebt, so dass nichts bleibt als die Erinnerung. Wer auch immer diese dann noch hat:

»Ich erinnere mich an die Erinnerung an einen mitten in der Erinnerung an Milena vor dem Bild von Renoir aufgetauchten Sonntag in Buchenwald. Ich erinnere mich an eine flüchtige Erinnerung an mich selbst in der Erinnerung von Milena, als hätte sie, eines Sonntags in Ravensbrück, von dem Besuch geträumt, den ich zwanzig Jahre später dem Palais Sternbek abstatten sollte, um dieses Bild von Renoir zu betrachten, das sie sicherlich kannte. Ich erinnere mich an einen Traum von Milena, die von meinem Dasein träumte. Ich erinnere mich, daß ich mich an die Sonntage in Buchenwald und an Josef Franks mir zugewandtes Gesicht erinnert hatte, das durch einen Sonnenschimmer auf den Barackenfenstern, auf der anderen Seite, auf der Seite des Krematoriums, von einer Aureole umgeben war.« »Mein Leben ist nichts anderes als dieses Bild von Renoir, mein Blick auf dieses Bild.«[23]

Da dieser Blick ein Traum Milenas ist, erscheint auch das Leben des Ich-Erzählers nur als ein Traum. An einer entscheidenden Stelle des Buches bekommt dann aber die Welt eine Wirklichkeit zugesprochen, die Semprún dem Ich nicht zuschreiben kann. Die Welt erhält eine ihr eigene Wirklichkeit, die unabhängig vom Subjekt ist: »Einen kurzen Moment der Ewigkeit hatte ich diesen Baum mit dem Blick von jenseits des Todes, mit dem Blick meines eigenen Todes betrachtet. Und der Baum war immer noch genauso schön. Mein Tod entstellte nicht die Schönheit dieses Baumes. Später sollte ich einen Aphorismus von Kafka lesen, der vollendet genau das ausdrückte, was ich undeutlich, aber intensiv an jenem Morgen beim Anblick dieser Buche in Buchenwald empfunden hatte: ›In dem Kampf zwischen dir und der Welt hilf der Welt.‹«[24]
Bei Descartes träumt das Ich. Bei Semprún ist das Ich der Traum einer Toten. In Semprúns Vorstellung kann das Diktum

»Ich denke, also bin ich« und damit das Denken kein erstes Prinzip sein. Aber wie lässt sich das Cogito in seiner Unbezweifelbarkeit überhaupt bestreiten? Welche Grundannahmen setzt der Satz »cogito, ergo sum« (Ich denke, also bin ich) voraus?

»Ich denke, also bin ich« könnte in Descartes' Argumentation auch durch »Ich träume, also bin ich« ersetzt werden. Denn:

»[...] unter Denken verstehe ich alles, was derart in uns geschieht, daß wir uns seiner unmittelbar aus uns bewußt sind. Deshalb gehört nicht bloß das Einsehen, Wollen, Einbilden, sondern auch das Wahrnehmen hier zum Denken. Denn wenn ich sage: ›Ich sehe, oder: ich gehe, also bin ich‹, und ich dies von dem Sehen oder Gehen, das vermittels des Körpers erfolgt, verstehe, so ist der Schluß nicht durchaus sicher; denn ich kann glauben, ich sähe oder ginge, obgleich ich die Augen nicht öffne und mich nicht von der Stelle bewege, wie dies in Träumen oft vorkommt; ja, dies könnte geschehen, ohne daß ich überhaupt einen Körper hätte. Verstehe ich es aber von der Wahrnehmung selbst oder von dem Bewußtsein meines Sehens oder Gehens, so ist die Folgerung ganz sicher, weil es dann auf den Geist bezogen wird, der allein wahrnimmt oder denkt, er sähe oder ginge.« (AT VIII-1, 7 f.; Übers. Buchenau, S. 3)

Descartes könnte daher auch hinzufügen, dass der Vorgang des Träumens, den sich ein Wesen selbst zuschreibt – mein Bewusstsein des Träumens –, unter das Cogito fällt.
Inwiefern kann Semprún diese Annahme bestreiten? Er müsste sie bestreiten, wenn er nicht nur in rein rhetorischer Weise davon sprechen möchte, dass er der Traum einer Toten ist. Die Frage lässt sich auch umformulieren: Unter welchen Umständen tritt das Sich-seiner-selbst-bewusst-Sein nicht auf?
Eine, wenn nicht die wesentliche Voraussetzung für das Sich-seiner-selbst-bewusst-Sein ist der Umstand, dass es sich um ein bewusstes Haben handelt und nicht lediglich darum, dass auf den Körper oder ein Organ verwiesen wird. Semprúns Ich

ist sich dagegen seiner selbst nicht mehr bewusst. Das bedeutet, dass es sich seines Denkens, Fühlens und Empfindens nicht mehr als seines eigenen aus sich heraus bewusst ist. Es könnte sich auch um die geträumten Empfindungen, Gefühle und Gedanken eines anderen handeln, der vielleicht schon gar nicht mehr lebt.

Doch ist nicht jede Empfindung, jeder Schmerz ein bewusster? Wir haben in dem Kapitel »Geist und Natur« bereits gesehen, dass Schmerzen einfach mit einem so genannten Aktualbewusstsein einhergehen können. Aktualbewusstsein bedeutet in diesem Fall, dass man zwar Schmerzen empfindet, aber nicht unbedingt diese Empfindung als Empfindung, die man selbst hat, reflektieren kann. Um davon sprechen zu können, dass man sich seiner selbst bewusst ist, muss man hingegen zusätzlich darauf reflektieren können, dass man selbst die Instanz ist, die diese Empfindung hat. Wenn ich mir meiner selbst bewusst bin, weiß ich, dass es mein Schmerz ist. Andere haben diesen Schmerz nicht. Wir gehen selbstverständlich davon aus, dass es unser Schmerz ist, wenn wir einen Schmerz empfinden. Aber versuchen wir zu erkunden, was es heißen könnte, dass mein Schmerz der Traum eines Toten ist, der nicht ich ist?

Wenn ich etwas wahrnehme, ohne es auf eine gegenwärtige, wirkliche Instanz zu beziehen, dann ist mein Schmerz eine bloße Empfindung und nicht unbedingt als meine eigene ausgewiesen. Wahrnehmung findet statt, wäre eine Umschreibung dieses Zustands. In dem einen Fall bin ich die Instanz, die den Schmerz erlebt oder den Traum hervorbringt, und in dem anderen Fall wird der Schmerz oder Traum für mich hervorgebracht. In der Antike von einem Gott und bei Semprún von einer Toten. Der Schmerz oder der Traum wird dann nur noch von mir wahrgenommen, aber nicht mehr auf mein Bewusstsein bezogen. In diesem Fall kann ich auch nicht mehr getäuscht werden, weil die Projektion einer anderen Instanz nicht meine Wirklichkeit ist, sondern eine sich an mir vollziehende. Die Projektion des anderen nimmt man wahr, aber nicht mehr als eigenes bewusstes Erleben, sondern als bloßen Akt der Wahrnehmung.

Descartes geht hingegen davon aus, dass wir in der Lage sind, bewusst auf unsere Bewusstseinsphänomene Bezug zu nehmen. Das heißt, dass wir Phänomene erleben und uns gleichzeitig bewusst sein können, dass wir sie als bewusst wahrgenommene Phänomene erleben. Wir haben nicht nur Bewusstsein, wir können auch auf unser Bewusstsein als solches Bezug nehmen. Dieser letzten Möglichkeit ist Semprúns Ich beraubt. Es hat Sinneseindrücke, Empfindungen, Gedanken, kann sich aber nicht mehr zu diesen Phänomenen als seinen eigenen in Beziehung setzen. Semprúns Ich hat das cartesische Ich verloren, aber die Welt behalten.

An dieser Stelle soll kurz erläutert werden, inwiefern sich Semprún tatsächlich auf Descartes bezieht. Dass beide sich in der jeweils erinnerten Zeit in einer verschneiten deutschen Winterlandschaft in einer beheizten Stube befinden[25], mag vielleicht als Zufall durchgehen. Auch, dass die erinnerte Zeit in beiden Fällen eine Zeit des Krieges ist, mag als Indiz nicht ausreichen, um einen direkten Bezug Semprúns auf Descartes zu belegen.

Semprún verweist in seinem Werk allerdings direkt auf die ersten Worte des *Discours de la méthode*, wo es heißt, dass der gesunde Menschenverstand die bestverteilte Sache der Welt sei. Es gibt den gesunden Menschenverstand nicht, lässt dagegen Semprún uns mit Verweis auf Descartes wissen.[26] Er wendet sich damit nicht nur gegen Descartes' Ansichten zur Verteilung des gesunden Menschenverstandes, sondern gegen dessen gesamte Philosophie mit ihrer fundierenden Rolle des Ichs und ihrem aufklärerischen Impetus.

Semprún hat als Absolvent des legendären Lycée Henry IV sicherlich bereits als Schüler intensive Descartes-Studien betrieben, die zum Pflichtprogramm der französischen Schullaufbahn gehören. Und ehe er als Widerstandskämpfer an der Résistance teilgenommen hat, hat er Philosophie an der Sorbonne studiert. Im Rahmen seiner Bezugnahme auf Descartes sind es dann die Abweichungen, die Abgrenzungen von diesem, die von besonderer philosophischer Bedeutung sind. Als möglicher Gegenentwurf zu Descartes' Konzept lassen Semprúns Ausführungen auch dessen Konzeption selbst deutlicher werden, weil sie helfen, die systematisch entscheidenden Gesichtspunkte hervorzuheben.

Descartes' Zweifel setzt im *Discours de la méthode* damit an, dass wir träumen könnten. Er setzt voraus, dass es, wenn man träumt, ein Ich gibt, das träumt. Semprún spricht hingegen davon, dass wir der Traum eines anderen sein könnten. Das Ich weiß, wie bereits ausgeführt wurde, nicht mehr um sich, was noch bei Descartes der Fall ist. Während Descartes das Traummotiv heranzieht, um zu erläutern, dass wir in unseren Wahrnehmungen jederzeit getäuscht werden können, fällt der Aspekt der Täuschung bei Semprún vollständig weg. Er im Konzentrationslager Buchenwald, das könnte ein Traum sein. Aber ein Traum ist nicht unbedingt eine Fälschung; nur wenn das Ich sich der Wirklichkeit versichern will, täuscht es sich, wenn es träumt. Semprún als Traum einer anderen hat jedoch kein Ich.

Was ist der Unterschied von Traum und Täuschung? Warum spricht Descartes im *Discours de la méthode* zunächst noch von Träumen und später, insbesondere in den *Meditationes de prima philosophia* zunehmend von Täuschungen, von Vorstellungen (cogitationes), die einem eingeflößt werden? Ein Traum ist an sich nicht falsch. Falsch kann nur die Vorstellung sein, der Traum wäre kein Traum, sondern Wirklichkeit, während er in Wirklichkeit doch nur ein Traum ist. Nur diese Möglichkeit enthält das Moment der Falschheit, des Irrtums. Die Frage von Irrtum, Wahrheit und Falschheit taucht erst zusammen mit der Gefahr der Täuschung auf, nicht bereits mit der Unterscheidung von Traum und Wirklichkeit.

Die Vorstellung, die anderen Menschen, wir selbst und gar die ganze Welt könnten lediglich eine Täuschung Gottes sein – ein böser Traum –, wird bei Semprún nicht mehr verfolgt. Für Semprún ist Gott kein Gegenstand des Nachdenkens, kein Thema der Metaphysik wie für Descartes. Für ihn zählen nur die Toten. Zunächst denkt er an den Toten, der er selbst so leicht hätte werden können und in gewisser Hinsicht geworden ist, und an die Toten der Konzentrationslager. Dann aber wendet er sich dem Toten als dem Anderen zu, der das eigene Dasein träumt. Und dieser Tote könnte auch eine Frau sein. Das eigene Empfinden, Denken, Wollen, Fühlen als Traum eines Toten, der man selbst ist, wird schließlich als Idee radikalisiert. Nicht ein Toter, der man selbst war, träumt das eigene Ich, sondern eine Tote, die eine andere war.

Bei Descartes beruht der zentrale, unabweisliche Gedanke des Cogito-Arguments darauf, dass der Vorgang des eigenen Denkens und der eigenen Bewusstseinsphänomene nicht der Traum eines anderen sein kann, weshalb man notwendigerweise existiert. Und genau diesen Aspekt leugnet Semprún. Sein Protagonist ist der Traum einer Toten. Während bei Descartes das Ich ein denkendes Wesen ist (AT VII, 35), ist es bei Semprún nur noch der Traum eines toten Wesens. Das Ich, dessen Vertrauen in sich selbst zerstört ist, ist kein Ich mehr. Eine entscheidende Frage wäre, was das Verschwinden dieses Subjekts ändert. Semprúns Verweis auf Kafka soll besagen, dass die Wirklichkeit der Welt wichtiger ist als die des Subjekts. Auch damit wollte Semprún eine Gegenposition zur Philosophie Descartes' formuliert haben, denn ein Resultat dieser Philosophie ist, dass nicht die Welt das vornehmliche Thema der Philosophie ist, sondern das Ich, auf dem die Gewissheit gründet.

Der Vergleich zwischen dem methodischen Zweifel Descartes' und einem existenziellen Zweifel oder einer existenziellen Verzweiflung Semprúns ist also nicht zuletzt auch deshalb aufschlussreich, weil Semprúns Lösung darin besteht, nicht das Ich in den Mittelpunkt der Überlegungen zu rücken, sondern die Welt. Bemerkenswert ist dabei, dass er dafür ausgerechnet Kafka als Kronzeugen anführt, der von seinen eigenen existenziellen Zweifeln nie losgekommen ist; und bemerkenswert ist auch, dass die Welt in Descartes' Überlegungen keineswegs nur am Rande vorkommt. Descartes hat mehr Zeit mit physikalischen, astronomischen und medizinischen Problemen verbracht als mit philosophischen. Seine wissenschaftliche Tätigkeit hat er nicht zuletzt unter dem direkten Nutzenaspekt gesehen. Denn was er fordert, ist die Pflege der Wissenschaften zum Besten der leidenden Menschheit und konkret die unentgeltliche Ausübung der Medizin:

»Sobald ich einige physikalische Begriffe gewonnen hatte und bei dem Versuche, sie an unterschiedlichen Einzelfragen zu erproben, bemerken konnte, zu welchem Ende sie zu führen vermögen und wie verschieden sie von den Prinzipien sind, deren man sich bislang bediente: habe ich geglaubt, ich dürfe dieselben nicht länger verbergen, ohne groß gegen jenes Gesetz zu verstoßen, das uns befiehlt, nach Möglichkeit das gemeine Wohl aller Menschen zu befördern. Sie haben mich nämlich einsehen lassen, daß man zu Kenntnissen gelangen kann, die für das Leben ziemlich nützlich sind, und daß man an Stelle der spekulativen Philosophie, die in den Schulen gelehrt wird, eine praktische finden könnte; sobald wir durch diese die Kraft und das Wirken von Feuer, Wasser, Luft, Sternen, Sphären und allerlei anderen uns umgebenden Körpern gerade so deutlich erkennen, wie wir die unterschiedlichen Geschäfte unserer Handwerker erkennen, vermöchten wir sie also für alle Zwecke zu verwenden, für welche sie geeignet sind, und würden dadurch zu Herren und Meistern der Natur.« (AT VI 61 f.; Übers. Specht, S. 69)

Auch Descartes will also nicht zuletzt der Welt und den Menschen helfen und weniger sich selbst. Es ist aber nicht nur dieser Umstand, der zu eingehendem Nachdenken zwingt, sondern auch der, dass die Welt, wie wir (und Kafka) sie kennen, in einem tiefgreifenden Sinne eine cartesische ist. Vielleicht hat Edmund Husserl (1859-1938), ein Zeitgenosse von Franz Kafka, am klarsten gesehen, was eine cartesische Welt ist und was daher auch die unsrige ist. Es ist eine Welt, die in primäre und sekundäre Qualitäten oder Eigenschaften aufgeteilt ist. »[Denn] was immer erlebbar ist an unseren Erlebnissen, fällt unter die Kategorie der sekundären Qualitäten und wird der res cogitans als ihr cogitatum zugerechnet. [...] bei dem, was sich in der Außenwelt nicht darin erschöpft, mathematisch faßbar zu sein, könnte es sich ja um subjektive Projektionen [...] handeln.«[27] Farben, aber auch Gerüche sind Paradigmen sekundärer Qualitäten. Wir nehmen sie wahr, doch sie sind für das Sosein einer Sache nicht wesentlich oder notwendig. Die Wirklichkeit zerfällt nach Descartes zu einer eigentlichen, naturwissenschaftlich entdeckten und zu einer subjektiven Wirklichkeit.

Husserl wollte diese Aufteilung aufheben, weil sie uns mit einer Auffassung von Welt zurücklässt, in der die lebensweltlichen Probleme der Menschen von den wissenschaftlichen getrennt sind. Descartes hat hingegen seinerseits in eben dieser Trennung einen Neuanfang für die Menschen in einer von Kriegen durchzogenen Zeit gesehen. Die Trennung von wissenschaftlichen und lebensweltlichen Fragen soll es mithilfe der Physik ermöglichen, das Zufällige und das Notwendige, das Nicht-Wesentliche und das Wesentliche auseinander zu halten.

Descartes will der Welt gerade nützen, indem er Philosophie und Naturphilosophie auf sicheren Grundlagen aufbaut. Wissenschaft soll den Menschen nutzen, indem sie sich mit ihrer Hilfe zu »Herren und Eigentümern der Natur« machen (AT VI, 62).[28] Die Welt und die Natur sind für Descartes das, was die Physik über die Welt sagt, was die Welt an Physik enthält. Die Aufklärung dessen, was die wahre Natur, die wahre Welt ist, soll den Menschen helfen, sich von bestimmten Fesseln zu befreien. Dieser Aufklärung dienen neben der Philosophie die Naturwissenschaften.

Descartes möchte zeigen, wie der Mensch zwei Arten von Fesseln auflösen kann. Dabei handelt es sich einerseits um diejenige, die den Menschen an die tradierte Naturerkenntnis bindet, und andererseits um diejenige, die ihn an die Religion oder eine tradierte Ethik bindet. Die Gemeinsamkeit der beiden Fesseln besteht darin, dass der Mensch sie, wenn er auf die Welt kommt, vorfindet und ihnen insofern ausgeliefert zu sein scheint. Das Tradierte ist für Descartes das, von dem der Mensch sich lösen muss. Die nahe liegende Frage, warum er das tun muss, lässt sich nicht aus Descartes' wissenschaftlichen Arbeiten allein beantworten, sondern muss aus dem zeitgenössischen Kontext heraus erfolgen. Sich von dem Vorgefundenen zu befreien bedeutet für Descartes, sich von den Kriegen, Kämpfen und Morden zu befreien, mit denen er selbst häufig genug konfrontiert war, und es bedeutet auch, ein erstarrtes, religiös orientiertes Bildungsmonopol anzugreifen.

Descartes geht in seiner Ablehnung des Tradierten so weit, dass er sie auf alles ausweitet, was kontingent entstanden ist und beibehalten wurde, beispielsweise auch auf architektonische Erscheinungsformen. In kontingenten Traditionen sieht er geradezu ein Übel, weil sich die Prinzipien und Überlegungen, die ihnen zugrunde liegen, nicht mehr nachvollziehen lassen und es sich unter Umständen gar nicht um Gründe des Verstandes handelt.

Dies mag erklären, warum sich Descartes gegen tradierte Methoden, Lebens- und Handlungsweisen ausspricht. Aber warum sollte er, der sich vornehmlich auch als Naturphilosoph versteht, eine Befreiung von den Fesseln der überlieferten Naturerkenntnis anstreben? Neues zu schaffen, das das Alte, die Kriege, Kämpfe und den Streit überwindet, hat die Religion zu Descartes' Zeiten nicht geschafft, aber der Mensch als natürliches Wesen auch nicht – weder der gebildete noch – oder schon gar nicht – der ungebildete Mensch.

Auf die Natur des Menschen lässt sich Descartes daher erst gar nicht ein, jedenfalls nicht auf einen Begriff der Natur des Menschen, der vom Menschen selbst stammt. Descartes' Hauptkritik an dem, was zu seiner Zeit die Natur einer Sache oder eines Wesens genannt wird, ist, dass damit nicht etwa die wirkliche »Natur einer Sache« angesprochen ist, sondern nur etwas, von dem die Menschen meinen, dass es dies sei. Er lehnt damit beispielsweise tradierte Substanzlehren oder aristotelische Ansätze der Naturphilosophie ab.

Descartes unterscheidet in den *Meditationes de prima philosophia* zwei Begriffe der Natur. Sie wurden bereits kurz vorgestellt. Es handelt sich zum einen um den normativen Begriff, der mit der »Natur einer Sache« verbunden ist. Von diesem Begriff sagt er, dass er eine Norm des Soseins oder Soseinsollens einführt, womit nichts über die damit bezeichneten Sachen selbst gesagt ist. (In der Literatur ist auch vom epistemischen Begriff der Natur die Rede. Descartes spricht aber ausdrücklich vom richtigen oder falschen Funktionieren, für das wir den Maßstab aus dem menschlichen Denken nehmen.) Dieser »normative« Naturbegriff, der menschlichen Überlegungen entspringt, bezeichnet nicht die »eigentliche« Natur der Dinge. Zum anderen spricht er von der Natur, die sich tatsächlich in den Sachen selbst befindet – also von der physikalischen Natur (AT VII, 84f.). Deren Prinzipien lassen sich begründen und sind mithin weder kontingent noch auf Tradition im Sinne von Überlieferung angewiesen.

Natur qua Natur, wie Descartes sie vorfindet, von der er in diesem Sinne jedoch nicht spricht, ist zudem eine Bedrohung für das Überleben. Dürre mit der Folge des Hungers, Kälte mit der Folge des Erfrierens, Krankheit mit der Folge der Kraftlosigkeit und Arbeitsunfähigkeit führen den Menschen zu Descartes' Zeiten in Mitteleuropa jederzeit nahe an den Tod.

Vor diesem Hintergrund bieten Lösungen durch die Naturphilosophie und Naturerkenntnis einen zusätzlichen, besonderen Vorteil. Mathematik und Physik sind nicht die Natur, sondern beschäftigen sich mit den Prinzipien, die dem Natürlichen zugrunde liegen. Und diese Prinzipien oder Ursprünge erlauben nicht nur einen Neuanfang, sondern auch den richtigen, wissenschaftlich überprüfbaren Weg für die Zukunft zu bestimmen – einen, der nicht kontingent ist, weil er auf diesen Prinzipien beruht.

Descartes' Ablehnung tradierter Methoden, Lebens- und Handlungsweisen führt auch zu der Frage, in welchem Sinne er an den Anfängen des intellektuellen Ansinnens, das man Aufklärung nennt, beteiligt ist.

Descartes, das wurde angedeutet, fragt nicht nach Wiederaufnahme oder Vollendung eines vergangenen Sinns, er kennt keine kritisch-reflektierte Bezugnahme auf das tradierte Denken. Lässt sich sein Versuch, den Menschen von den tradierten Fesseln zu befreien, dann aber überhaupt als ein aufklärerischer verstehen?

In einem bestimmten Sinne war Descartes kein Aufklärer. Michel Foucault (1926–1984) hat bei der Frage »Was ist Aufklärung?« oder »Was ist Kritik?« auf Kant (1724–1804) verwiesen, der diese als Erster als eine historisch-kritische Frage gestellt hat, wodurch »Aufklärung« auch erst definiert wurde.[29] Das rationale Denken, so Foucault, wurde von Kant nicht nur auf seine Natur oder Grundlagen hin untersucht. Kant fragte vor allem auch nach der Entstehungszeit des rationalen Denkens und seiner Geschichte und gelangte somit zu einer historisch-kritischen Dimension der Philosophie. Einem anderen Verständnis zufolge ist Aufklärung »primär [als] eine Sache der 1. Person, des Ich-Sagens« zu verstehen.[30] Sie verweist auf die Prinzipien der Autonomie. Etwas wissen zu können und vernünftig handeln zu können wird als eine Leistung des Subjekts verstanden. Und in diesem Sinne ist Descartes' Philosophie ein Beginn der Aufklärung.

Beide Aspekte, der der Autonomie, der die Aufforderung enthält, sich seines eigenen Verstandes zu bedienen, und der der historisch-kritischen Reflexion, sind zentrale Aspekte der Aufklärung. Und beiden Auffassungen von Aufklärung liegt eine gemeinsame Frage zugrunde: »Was kann ich wissen?« Diese Frage verweist zum einen direkt auf das Ich, das etwas wissen kann, und damit auf Descartes' Philosophie. Sie ließe sich zum anderen aber auch wie folgt umschreiben: »Was sind die Bedingungen dafür, dass etwas Wissen ist?«

Aufklärung wird in beiden Fällen nicht als eine Epoche verstanden, wie etwa die Moderne eine ist. Aufklärung ist weniger eine historische Situation, als vielmehr eine Weise, Fragen nach den Bedingungen des Wissens und des Denkens zu stellen. Eine solche Haltung ist nicht auf eine Epoche beschränkt.

Die beiden Auffassungen von Aufklärung lassen sich noch in einer weiteren wichtigen Hinsicht verbinden. Und zwar ist der Irrtum für das Wissen und für die Aufklärung in beiden Konzepten von großer Bedeutung. »Wer aber den Irrtum nicht erklären kann – und dazu müssen Descartes zufolge unsere Seelen aus anderem Stoff sein als die materiellen Dinge –, für den bleibt auch die Möglichkeit der Aufklärung im Dunkeln, die ja ihrerseits die Idee der freien Zustimmung zum Wahren erfordert: Eine Maschine kann man nicht auffordern ›Sapere aude!‹ Wieder scheinen der Materialismus und das Projekt der Aufklärung sich als unvereinbar zu erweisen.« Denn wären »unsere Vorstellungen ebenso streng determiniert wie alles übrige in der Welt, dann machte es keinen Sinn, von Irrtum zu sprechen; ein Wesen, das sich immer notwendig irrte, irrte nie [...].«[31] Mit dieser Feststellung ist klar umrissen, welche Rolle der Irrtum für ein Verständnis von Aufklärung spielt, in dem das Ich oder Subjekt im Zentrum steht. Aber welche Rolle spielt er in einem Projekt der Aufklärung, das die historisch-kritische Reflexion in den Mittelpunkt stellt?

Foucault hat seinen Lehrer Georges Canguilhem (1904–1995) als einen Philosophen und Wissenschaftshistoriker charakterisiert, der das Projekt der Aufklärung im Sinne einer historisch-kritischen Reflexion über die Bedingungen der okzidentellen Rationalität fortsetzt – und er hat Canguilhem als einen Philosophen des Irrtums dargestellt:

»Letztlich ist das Leben das, was zum Irrtum fähig ist. [...] [Darin ist der Grund für den] hereditäre[n] Irrtum [zu sehen], der bewirkt, daß das Leben mit dem Menschen zu einem Wesen geführt hat, das sich nie ganz an seinem Platz befindet, das dazu verurteilt ist, zu ›irren‹ und das letztlich zum ›Irrtum‹ bestimmt ist. Wenn man annimmt, daß der Begriff die Antwort des Lebens auf diesen Zufall ist, dann muß man darin übereinkommen, daß der Irrtum die Wurzel dessen ist, was das menschliche Denken und seine Geschichte ausmacht. Die Opposition zwischen dem Wahren und Falschen, die Werte, die man dem einen und dem anderen zuschreibt, die Machtwirkungen, die die verschiedenen Gesellschaften und die verschiedenen Institutionen mit dieser Unterscheidung verknüpfen, all das ist vielleicht nichts anderes als die letzte Antwort auf diese dem Leben innewohnende Möglichkeit des Irrtums.«[32]

Dass die Möglichkeit des Irrtums dem Leben innewohnt, hätte auch Descartes unterschrieben, dessen Philosophie ein so anderes Gesicht hat als das der genannten französischen Philosophen Canguilhem und Foucault. Auch er geht davon aus, dass eine Maschine nicht irren kann, sondern nur schlecht, gar nicht oder falsch funktioniert. Und was falsch oder schlecht ist, gibt der Konstrukteur der Maschine, der Mensch als lebendiges Wesen, das über Begriffe verfügt, vor. Für Descartes bedeutet über Begriffe zu verfügen Denken. Der Mensch ist für ihn ein sich seiner selbst bewusstes und denkendes Lebewesen. Und dadurch, dass der Mensch denken kann, ist es ihm auch möglich, zum Konstrukteur von Maschinen zu werden. Er benötigt Prinzipien, denen eine solche Maschine zu folgen hat und nach denen er sie konstruiert. Descartes ist freilich kein Ingenieur gewesen. Ihn interessiert, wie diese Prinzipien aussehen und was es dem Menschen erlaubt, sie zu finden. Descartes' Antworten auf die von ihm aufgeworfenen Fragen prägen das philosophische und naturwissenschaftliche Denken bis heute.

Anmerkungen

1 Vgl. Baillet, A., La Vie de M. Des-Cartes, Bd. 1, Paris 1691, Nachdruck: Hildesheim 1972, S. 81–85.
2 Das tut er beispielsweise in einem Brief an Marin Mersenne: »In der Schulphilosophie erklärt man die Materie nicht richtig, wenn man aus ihr eine reine Potenz macht und substantielle Formen und reale Qualitäten dazufügt, die nur Chimären sind.« (AT III, 212)
3 L. Wittgenstein, Philosophische Untersuchungen, Frankfurt a. M. 1977, Teil I, Nr. 18, S. 24.
4 Vgl. Specht, R., Descartes, 2. Aufl., Reinbeck 1980, S. 79.
5 Vgl. Poser, H., René Descartes. Eine Einführung, Stuttgart 2003, S. 41.
6 Auf den interessanten Aspekt, dass Descartes von einer naturalistischen Position in der Erkenntnistheorie abgeht und zu einem skeptischen Ansatz gelangt, weil Wahrnehmung als kausale Relation zwischen Ding und dem es wahrnehmenden Subjekt nicht ausreicht, um zu erklären, warum das Subjekt Informationen und Wissen über das wahrgenommene Ding erhalten hat, kann hier nur hingewiesen werden. Vgl. dazu Perler, D., René Descartes, München 1998, S. 127–139, insbes. S. 137.
7 Die weitaus bekanntere Aussage »cogito, ergo sum« findet sich bereits im *Discours de la méthode* (AT VI, 32) in französischer Fassung: »je pense, donc je suis«, und in den *Principia* (AT VIII-1, 7) schließlich in der berühmten lateinischen.
8 Descartes schreibt in seiner II. Erwiderung, dass es sich bei der Cogito-Überlegung nicht um eine syllogistische Schlussfolgerung handelt, sondern um eine selbstevidente Sache, die man durch eine einfache Intuition des Geistes erkenne: »per se notam simplici mentis intuitu« (AT VII, 140 f.). Das allgemeine Prinzip: »Alles was denkt, existiert« kann erst aufgestellt werden, wenn man an sich selbst erfahren habe, dass man nicht denken könne, ohne dass man sei.
9 Descartes betont in der II. Meditation (AT VII, 29) ausdrücklich, dass er auch das Empfinden zum Denken zählt. Dies wird im Folgenden noch eine Rolle spielen, wenn es um das Verhältnis von Körper und Geist im Falle von emotionalen Zuständen gehen wird.

10 Schnädelbach, H., Descartes und das Projekt der Aufklärung, in: Descartes im Diskurs der Neuzeit, hg. von W. F. Niebel, A. Horn und H. Schnädelbach, Frankfurt a. M. 2000, S. 201.
11 Vgl. Perler, D., René Descartes, a. a. O., S. 164.
12 Ebenda, S. 167.
13 David Chalmers (geb. 1966) hat sein berühmt gewordenes Gedankenexperiment gegenläufig zu dem von Descartes angelegt. Er untersucht, ob Physikalismus notwendig oder Dualismus möglich ist, und kommt zu dem Schluss, dass Dualismus zumindest logisch möglich ist. Es muss demnach keine Identität von Mentalem und Physischem herrschen, wir können sie als voneinander getrennte Bereiche denken – Mentales muss nicht durch Physikalisches repräsentiert werden. Das soll mit folgendem Szenario gezeigt werden: Es gibt eine mögliche Welt, in der Wesen existieren, die physikalisch nicht von uns unterscheidbar sind, sie haben aber kein bewusstes Erleben. Dieses Szenario hält Chambers selbst zwar für faktisch unplausibel, aber für logisch möglich. Vgl. Chambers, D. J., The Conscious Mind. In Search of a Fundamental Theory, Oxford 1996.
14 Vgl. Perler, D., René Descartes, a. a. O., S. 205.
15 Vgl. Kobayashi, M., La philosophie naturelle de Descartes, Paris 1993, S. 31, 39 f.
16 Vgl. ebenda, S. 90.
17 Vgl. ebenda, S. 73.
18 Vgl. Perler, D., René Descartes, a. a. O., S. 126.
19 »Dieux, que le beau Paris eut une belle proye!
Que cét Amant fit bien,
Alors qu'il alluma l'embrazement de Troye,
Pour amortir le sein!«
»Oh, Götter, der schöne Paris hatte eine schöne Beute!
Wie gut tat dieser Liebhaber daran,
Daß er die Feuersbrunst von Troja entfachte,
Um seine zu löschen!«
(aus einem Brief an Chanut 1647, AT IV, 617) De Viau wurde von der Regierung seinerzeit als so gefährlich angesehen, dass er für seine Schriften verurteilt wurde. Das Zitat findet sich allerdings nur in einem Brief an Chanut. Offiziell hat Descartes in der politisch brisanten Affäre eine Erklärung zugunsten von Jean-Louis Guez de Balzac, einem der schärfsten Gegner Viaus, abgegeben.

20 Descartes selbst gibt in einem Brief an Picot vom 16. August 1649 (AT XI, 326) zu verstehen, dass er diese Schrift als Naturphilosoph (Physicien), nicht als Mediziner, nicht als Philosoph und auch nicht als Rhetoriker geschrieben hat. Diese Einordnung verweist erneut darauf, dass Descartes die Physik als Grundlagenwissenschaft betrachtet, auf der die Ethik und die Medizin aufbauen.
21 Semprún, J., Was für ein schöner Sonntag, übers. Von Johannes Piron, München 2004, S. 148.
22 Ebenda, S. 184. Der Rauch ist der des Krematoriums Buchenwald, in dem die Leichen der ermordeten Mitgefangenen verbrannt wurden.
23 Ebenda, S. 344/357. Im Konzentrationslager Ravensbrück wurde Milena Jesenska ermordet.
24 Ebenda, S. 425.
25 Descartes beschreibt diese Umstände im ersten Absatz des zweiten Teil des *Discours de la méthode* (AT VI, 11). Er hatte in der Nähe von Ulm mit dem Heer, mit dem er als Söldner mitgezogen war, zu Beginn des Winters Quartier bezogen. Semprún hingegen arbeitete im Konzentrationslager Buchenwald in einer beheizten Baracke in der Abteilung »Arbeitsstatistik«.
26 Semprún bezieht sich an einer Stelle direkt auf Descartes: »Und dieser Sinn für das Gerechte und das Ungerechte ist nicht der gesunde Menschenverstand laut Descartes: er ist nicht die am besten verteilte Sache der Welt.« (Ebenda, S. 245) Specht (S. 55) versteht diesen Hinweis bei Descartes als einen ironischen. Perler (S. 24), wie ich meine, zu Recht nicht.
27 Schnädelbach, H., Descartes und das Projekt der Aufklärung, a. a. O., S. 188.
28 Vgl. Nachwort zum *Discours de la méthode* von Holger Ostwald, S. 186.
29 Michel Foucault hat sich an mehreren Stellen dazu geäußert. Siehe etwa: ders., Georges Canguilhem: Philosoph des Irrtums, in: Das Irrsal hilft, hg. von R. M. Kiesow u. H. Schmidgen, Berlin 2004, S. 103-123, hier S. 105 f.
30 Schnädelbach, H., Descartes und das Projekt der Aufklärung, a. a. O., S. 192 f.
31 Ebenda, S. 199.
32 Foucault, F., Georges Canguilhem: Philosoph des Irrtums, a. a. O., S. 121.

Kommentierte Bibliografie

1. Descartes' Werke

Für die Zitate werden die Nachweise entsprechend der Standardausgabe »AT« angegeben. Sofern ich die Übersetzung einer der zwei- bzw. dreisprachigen Ausgaben entnommen habe, wird diese zusätzlich angeführt.

a) Standardausgaben

Œuvres de Descartes, hg. von Ch. Adam und P. Tannery, »nouvelle présentation«, 11 Bde., Paris 1982-1991.
   Diese Edition wird standardmäßig mit AT abgekürzt.
Correspondance, hg. von Ch. Adam und G. Milhaud, 8 Bde., Paris 1936-1963.
Regulae ad directionem ingenii, hg. von G. Crapulli, Den Haag 1966.

b) Zwei- bzw. dreisprachige Ausgaben

Compendium musicae/Leitfaden der Musik, übers. und hg. von J. Bockt, 6. Aufl., Darmstadt 1992.
Regulae ad directionem ingenii/Regeln zur Ausrichtung der Erkenntniskraft, übers. und hg. von H. Springmeyer, L. Gäbe und H. G. Zekl, Hamburg 1973.
Le monde ou traité de la lumière naturelle/Die Welt oder Abhandlung über das Licht, übers. und hg. von G. M. Tripp, Weinheim/Berlin 1989.
La recherche de la verité par la lumière naturelle/Die Suche nach Wahrheit durch das natürliche Licht, übers. und hg. von G. Schmidt, Würzburg 1989.
Discours de la méthode/Bericht über die Methode, die Vernunft richtig zu führen und die Wahrheit in den Wissenschaften zu erforschen, übers. und hg. von H. Ostwald, Stuttgart 2001.
Discours de la méthode/Von der Methode des richtigen Vernunftgebrauchs und der wissenschaftlichen Forschung, übers. und hg. von L. Gäbe, 2. Aufl., Hamburg 1997.

Meditationes de prima philosophia/Meditationen über die Grundlagen der Philosophie, übers. und hg. von L. Gäbe, 3. Aufl., Hamburg 1992.
Meditationes de prima philosophia/Meditationen über die Erste Philosophie, übers. und hg. von G. Schmidt, Stuttgart 1986.
Meditationen. Dreisprachige Parallelausgabe (Lat.-Frz.-Dtsch.), übers. und hg. von A. Schmidt, Göttingen 2004.
Gespräch mit Burman, übers. und hg. von A. W. Arndt, Hamburg 1982.
Die Leidenschaften der Seele, übers. und hg. von K. Hammacher, Hamburg 1996 (2. Aufl.).

c) Deutsche Übersetzungen

Briefe, übers. von F. Baumgart, hg. von M. Bense, Köln 1949.
Dioptrik, übers. und hg. von G. Leisegang, Meisenheim a. G. 1954.
Geometrie, übers. und hg. von L. Schlesinger, 1894, Nachdruck: Darmstadt 1969.
Meditationen über die Grundlagen der Philosophie mit den sämtlichen Einwänden und Erwiderungen, übers. von A. Buchenau, Hamburg 1915, Nachdruck: Hamburg 1972.
Die Prinzipien der Philosophie, übers. und hg. von A. Buchenau, 8. Aufl., Hamburg 1992.
Über den Menschen – Beschreibung des menschlichen Körpers, übers. und hg. von K. E. Rothschuh, Heidelberg 1969.

2. Sekundärliteratur

a) Bibliografien, Lexika

Bulletin Cartésien, Archives de philosophie 35, 1972 ff.
  Fortlaufende Bibliografie mit Besprechungen von Büchern und Aufsätzen.
Chappell, V. C./Doney, W., Twenty-five Years of Descartes Scholarship: 1960-1984. A Bibliography, New York 1987.
Cottingham, J., A Descartes Dictionary, Oxford 1993.
  Sehr nützlich, um zentrale Begriffe bei Descartes nachzuschlagen.
Sebba, G., Bibliographia Cartesiana. A Critical Guide to the Descartes-Literature 1800-1960, Den Haag 1964.

b) Biografien

Baillet, A., La Vie de M. Des-Cartes, 2 Bde., Paris 1691, Nachdruck: Hildesheim 1972.
  Enthält einige Details zur Philosophie Descartes', zu denen die Originalquellen verloren gegangen sind.
Gaukroger, St., Descartes, An Intellectual Biography, Oxford 1995.
  Geht in seiner Darstellung auch auf Descartes als Naturphilosoph und Naturwissenschaftler ein.
Rodis-Lewis, G., L'œuvre de Descartes, 2 Bde., Paris 1971.
  Eine Standard-Biografie zu Descartes.
Specht, R., Descartes, 2. Aufl., Reinbek bei Hamburg 1980.
  Obgleich der eine oder andere Punkt heute anders gesehen wird, bietet diese Biografie immer noch eine sehr gute, sehr kurze Gesamtübersicht zu Leben und Denken Descartes'.

c) Gesamtdarstellungen

Aliquié, F., Descartes, übers. von Chr. Schwarze, Stuttgart 1962.
  Einführung in Descartes' Leben und Denken.
Cassirer, E., Descartes. Lehre – Persönlichkeit – Wirkung, hg. von A. Bast, Hamburg 1995.
  Nach wie vor lesenswert, um sich mit dem geistesgeschichtlichen Horizont Descartes' vertraut zu machen.
Gilson, E., Études sur le rôle de la pensée médiévale dans la formation du système cartésien, 5. Aufl., Paris 1984.
  Um zu verstehen, inwiefern Descartes ein Mitbegründer neuzeitlichen Denkens ist, gilt es zu erfassen, inwiefern er sich von mittelalterlicher, scholastischer Theoriebildung abgesetzt hat und was er ihr verdankt – dafür ist dieses Werk grundlegend.
Gueroult, M., Descartes selon l'ordre des raisons, 2 Bde., 2. Aufl., Paris 1968.
  Ein Klassiker der französischen Descartes-Forschung.
Kambouchner, D., L'homme des passions. Commentaires sur Descartes, Paris 1995.
  Zweibändiger Kommentar zu den *Passions de l'âme*; für Anfänger etwas unübersichtlich.
Koyré, A., Descartes und die Scholastik, Darmstadt 1971.
Perler, D., René Descartes, München 1998.
  Arbeitet historisch äußerst präzise, versteht es als einer der weni-

gen, sowohl Descartes' Verhältnis zur Scholastik überzeugend darzustellen als auch die Beschäftigung der analytischen Philosophie mit Descartes aufzugreifen.

Poser, H., René Descartes. Eine Einführung, Stuttgart 2003.

Verrät Leidenschaft für den Gegenstand und die Philosophie des 17. Jahrhunderts, was mitunter dazu führt, dass der Autor über das in einer Einführung zu Erwartende hinausgeht.

Röd, W., Descartes. Die Genese des cartesischen Rationalimus, 2. Aufl., München 1995.

Rodis-Lewis, G., L'anthropologie cartésienne, Paris 1990.

Zentrale Monografie zur Anthropologie Descartes', die auch zeigt, dass die Anthropologie in Descartes' Philosophie einen bedeutenden Platz innehat.

Rodis-Lewis, G., René Descartes, in: J.-P. Schobinger (Hg.), Die Philosophie des 17. Jahrhunderts, Bd. 2: Frankreich und die Niederlande, Basel 1993, S. 273–348 und 446–460.

Enthält zu jedem Werk Descartes' eine Inhaltsangabe sowie eine Wirkungsgeschichte der cartesischen Philosophie; eignet sich für eine erste Beschäftigung mit Descartes.

Sorell, T., Descartes, Oxford 1987; dtsch.: Descartes, übers. von R. Ansén, Freiburg i. Br. 1999.

Gut lesbar, enthält alle zentralen Punkte; macht aber die philosophische Brisanz Descartes' nicht hinreichend deutlich.

Vuillemin, J., Mathématique et métaphysique chez Descartes, 2. Aufl., Paris 1987.

Hat die französische Descartes-Forschung, die sich auch mit den naturphilosophischen und naturwissenschaftlichen Ausführungen Descartes' befasst, sehr beeinflusst.

Williams, B., The Project of Pure Enquiry, Hassocks 1978; dtsch.: Descartes. Das Vorhaben der reinen philosophischen Untersuchung, übers. von W. Dittel und A. Viviani, Königstein i. Ts. 1981.

Wenn ein guter Philosoph ein Buch über einen guten Philosophen schreibt, kommt dabei ein gutes Buch heraus.

d) Naturwissenschaften

Engelen, E.-M., Der Verlust des Gefühls für das Subjekt der Moderne: Descartes, in: dies., Erkenntnis und Liebe. Zur fundierenden Rolle des Gefühls bei den Leistungen der Vernunft, Göttingen 2003, S. 88–116.

Hier Näheres zum ökologischen Ansatz in Descartes' Theorie der Emotionen.

Gabbey, A., Force and Inertia in the Seventeenth Century. Descartes and Newton, in: Gaukroger (Hg.), 1980, S. 230–320.
Behandelt zentrale Konzepte der Physik des 17. Jahrhunderts; zugleich ein klassisches Forschungsfeld der Wissenschaftsgeschichte.

Garber, D., Descartes' Metaphysical Physics, Chicago/London 1992.
Grundlegend für das Verhältnis von Metaphysik und Physik bei Descartes.

Gaukroger, St. (Hg.), Descartes. Philosophy, Mathematics and Physics, Sussex 1980.
Enthält einige wichtige Aufsätze zu Descartes' naturwissenschaftlichem Denken.

Kobayashi, M., La philosophie naturelle de Descartes, Paris 1993.
Enthält einen überzeugenden Versuch, metaphysisches und naturphilosophisches Denken bei Descartes aufeinander zu beziehen; sieht Descartes allerdings zu sehr als Vorläufer Newtons.

Steinle, F., The Amalgamation of a Concept – Laws of Nature in the New Sciences, in: F. Weinert (Hg.), Laws of Nature. Essays on the Philosophical, Scientific and Historical Dimensions, Berlin/New York 1995, S. 316–368.
Wer sich für die Entstehung des Konzepts des Naturgesetzes in Zusammenhang mit Descartes interessiert, kann hier weiterlesen.

Thorndike, L., History of Magic and Experimental Science, Bd. 7, New York 1958.
Thorndike erlaubt einen ersten raschen Überblick über die Quellenlage und die Einordnung in den wissenschaftlichen Kontext zu Descartes' Zeit.

e) Metaphysik

Beckermann, A., Descartes' metaphysischer Beweis für den Dualismus. Analyse und Kritik, Freiburg/München 1986.
Setzt sich Schritt für Schritt mit dem metaphysischen Argument Descartes' für den Dualismus von Körper und Geist auseinander.

Frankfurt, H. G., Demons, Dreamers, and Madmen. The Defense of Reason in Descartes's Meditations, Indianapolis/New York 1970.

Gelegentlich werden Descartes Annahmen unterstellt, die einer sorgfältigen historischen Interpretation nicht immer standhalten können.

Kemmerling, A., Ideen des Ichs. Studien zu Descartes' Philosophie, Frankfurt 1996.
Enthält u. a. eine interessante Abhandlung zum Begriff des Bewusstseins bei Descartes.

Matthews, G. B., Thought's Ego in Augustine and Descartes, Ithaca/London 1992.
Hier wird das Verhältnis von Augustinus' Cogito-Argument und Descartes' Cogito-Argument untersucht.

Perler, D., Descartes über Fremdpsychisches, in: Archiv für Geschichte der Philosophie 77 (1995), S. 42–62.

Schütt, H.-P., Substanzen, Subjekte und Personen. Eine Studie zum Cartesischen Dualismus, Heidelberg 1990.
Hier wird ausführlich dargelegt, inwiefern Descartes zugleich einen metaphysischen Dualismus vertreten und eine substanzielle Einheit von Körper und Geist behaupten kann.

f) Logik

Katz, J. J., Cogitations. A Study of the Cogito in Relation to the Philosophy of Logic and Language and a Study of them in Relation to the Cogito, Oxford/New York 1988.
Eine Zeit lang war es sehr »up to date«, die logischen Strukturen von Descartes' Argumenten darzustellen und zu diskutieren; dieses Buch bietet ein gutes Beispiel hierfür.

g) Aufsatzsammlungen

Cottingham, J. (Hg.), The Cambridge Companion to Descartes, Cambridge/New York 1992.
Vereinigt Aufsätze der maßgeblichen angelsächsischen Descartes-Forschung.

Kemmerling, A. und Schütt, H.-P. (Hg.), Descartes nachgedacht, Frankfurt a. M., 1996.
Enthält einige äußerst aufschlussreiche Abhandlungen zu spezielleren Fragestellungen der Descartes-Forschung, die geeignet sind, das Bild von Descartes' Denken zu erweitern und zu vervollständigen.

Oksenberg Rorty, A. (Hg.), Essays on Descartes' Meditations, Berkeley/Los Angeles/London 1986.
Nützlich für eine vertiefende Beschäftigung mit Descartes' *Meditationen*.

h) Geschichtliche Hintergründe und Wirkungsgeschichte

Abel, G., Stoizismus und Frühe Neuzeit, Berlin/New York 1978.
Für Descartes' Verständnis der Ethik ist der Stoizismus von sehr großer Bedeutung; in diesem Band lässt sich nachlesen, was das für die Neuzeit bedeutet.

Brands, H., »Cogito ergo sum«. Interpretationen von Kant bis Nietzsche, Freiburg/München 1982.
Dieser Band untersucht die Bedeutung und Interpretation von Descartes' Cogito insbesondere für die deutsche Philosophie.

Burnyeat, M. (Hg.), The Skeptical Tradition, Berkeley/Los Angeles/London 1983.
Descartes' erkenntnistheoretischer Ansatz ist gegen den Skeptizismus gerichtet; welche Position damit verbunden ist, wird in diesem Buch ausführlich geklärt.

Glucksmann, A., Die Cartesianische Revolution. Von der Herkunft Frankreichs aus dem Geist der Philosophie, übers. von H. Kohlenberger, Reinbek 1989.
Descartes hat für das französische Selbstverständnis eine weit größere Bedeutung als etwa Kant für das deutsche Selbstverständnis; diesem Umstand geht der Autor nach.

Gouhier, H., Cartésianisme et augustinisme au XVIIe siècle, Paris 1978.

Grant, E., Much Ado about Nothing. Theories of Space Vacuum from the Middle Ages to the Scientific Revolution, Cambridge/New York 1981.
Wer noch Genaueres zu Descartes' Annahmen zum Vakuum wissen möchte und welche Theorien es im geschichtlichen Umfeld von Descartes dazu sonst noch gab, wird hier fündig.

Niebel, W. F., Horn, A., Schnädelbach, H. (Hg.), Descartes im Diskurs der Neuzeit, Frankfurt a. M. 2000.
In diesem Sammelband finden sich nicht nur zahlreiche Aufsätze zu exegetischen Fragen, sondern auch zur Bedeutung von Descartes' Philosophie in gegenwärtigen Debatten.

Schnädelbach, H., Descartes und das Projekt der Aufklärung, in: Descartes im Diskurs der Neuzeit, hg. von W. F. Niebel, A. Horn und H. Schnädelbach, Frankfurt a. M. 2000, S. 186–206.

Schütt, H.-P., Descartes und die moderne Philosophie. Notizen zu einer epochalen Vaterschaft, in: Selbstverständnisse der Moderne, hg. von G. Figal und R. P. Sieferle, Stuttgart 1991, S. 11–41.
Dieser Aufsatz beschäftigt sich eingehend mit dem Umstand, dass Descartes auch der Vater der Moderne genannt wird, und inwiefern diese Bezeichnung die Descartes-Interpretationen selbst wiederum beeinflusst hat.

Schlüsselbegriffe

Archimedischer Punkt des Denkens   absolut sichere, unbezweifelbare Grundlage des Denkens.

Cogito(-Argument)   der selbstevidente archimedische Punkt des Denkens, der sich nicht in Zweifel ziehen lässt, weil es sich um einen reinen Denkakt handelt; er ist methodisch das Ergebnis des radikalen Zweifels an allem bisherigen Wissen. Das Cogito-Argument schließt u. a. an Augustinus' Ausführungen in den *Soliloquia* (II, 1) an. Von diesem selbstevidenten Punkt aus baut Descartes das Wissen methodisch wieder auf, nachdem er es in Zweifel gezogen hat.

Geist   bei Descartes die Substanz, die Gott auch ohne Körper hätte schaffen können, weil sie zumindest gedanklich vom Körper abtrennbar ist; diese Substanz ist in der Lage, Denkakte zu vollziehen und über diese Tatsache, dass sie das kann, nachzudenken.

Heliozentrismus   Theorie in Astronomie und Kosmologie, nach der die Sonne der feste Mittelpunkt unseres Sonnensystems ist.

Ich   bei Descartes die Instanz, die Denkakte hervorbringt.

Klar und deutlich   Wahrheitskriterium bei Descartes; etwas, was klar und deutlich erfasst ist, kann unmöglich anders oder falsch sein, es ist notwendig wahr. Daher lassen sich auch nur diejenigen Eigenschaften einer Sache klar und deutlich erkennen, die dieser Sache notwendig zukommen, die wesentlich für ihr Sosein sind.

Körper   bei Descartes ein Stück ausgedehnte Materie, das seine spezifische Länge, Breite und Tiefe hat.

Körper-Geist-Dualismus   bei Descartes besteht der Mensch aus einer geistigen Substanz (res cogitans), die Denkakte vollziehen kann und unkörperlich, d. h. nicht ausgedehnt ist, und aus einer körperlichen Substanz (res extensa), die ausgedehnt ist; die beiden Substanzen sind also voneinander verschieden. Die unkörperliche, geistige

Substanz ist Gegenstand der Metaphysik, die ausgedehnte, körperliche Substanz ist Untersuchungsgegenstand von Physik und Geometrie.

Materie bei Descartes etwas Ausgedehntes, das unendlich teilbar ist.

Methode für Descartes das Befolgen einfacher Regeln, um zu sicherer Erkenntnis zu gelangen; dafür ist von zweifelsfrei Erkanntem und Wahrem auszugehen und aus diesem das abzuleiten, was notwendig folgt.

Natur Descartes verwendet den Begriff der Natur für sehr Unterschiedliches. Zum einen bezeichnet er damit das, was auf notwendigen physikalischen Prinzipien basiert, zum anderen das, was auf metaphysischen Notwendigkeiten gründet. In einigen Textpassagen wird damit allerdings auch das benannt, was vom Menschen unabhängigen Prinzipien folgt, und in anderen wiederum das, was wir als Umwelt angeben würden.

Physik, aristotelisch-scholastische qualitative Physik; Gegenstände sind durch reale Qualitäten wie Farben, Geruch, Schwere bestimmt, die zu den Substanzen der Körper hinzukommen.

Physik, mechanistische quantitative Physik; Gegenstände sind durch Eigenschaften wie Länge, Breite und Tiefe bestimmt, die die spezifische Ausdehnung angeben (geometrische Eigenschaften). Sinneseigenschaften wie Wärme usw. lassen sich auf kinematische Eigenschaften reduzieren.

Qualitäten primäre beziehungsweise basale Qualitäten wie etwa Bewegung und Ausdehnung kommen in der Natur unabhängig davon vor, wie sie vom Menschen wahrgenommen werden. Sekundäre beziehungsweise dispositionale Qualitäten wie Farbe, Töne, Wärme hängen vom Wahrnehmenden ab, sind aber nicht wirklich in der Natur vorhanden.

Qualitäten, reale Terminus der scholastischen ontologischen Theoriebildung, die erklären möchte, was einen bestimmten Gegenstand zu dem macht, was er ist. Reale Qualitäten wie Schwere, Gestalt oder Farben beispielsweise werden als Eigenschaften verstanden, die als eigenständige Entitäten zu der Substanz eines Gegenstandes hinzukommen.

Res cogitans   nicht ausgedehnte, denkende Substanz.

Res extensa   ausgedehnte, nicht denkende Substanz.

Scholastik an Annahmen des scholastischen Theoriengebäudes sei hier nur der aristotelisch-scholastische Hylemorphismus der Spätscholastik genannt, den Descartes ablehnt, mit dem er sich jedoch intensiv beschäftigt hat. Der Hylemorphismus (Begriff für die aristotelische Lehre von Form und Materie) spielt sowohl eine Rolle, um zu erklären, warum etwas das ist, was es ist, als auch um die Einheit von Körper und Geist zu erklären. Bewegung wird ebenfalls mit dem Zusammenspiel von Materie und Form erklärt. Die Form ist in dieser Konzeption das, was Materie mit wesentlichen, unveränderlichen Eigenschaften versieht und ein Stück Materie zu dem macht, was es ist (zum Beispiel ein Stuhl). Auch eine Person besteht in diesem Ansatz aus Form und Materie, wobei die Seele die Form ist und die Materie der Körper. Die Seele »formt« gewissermaßen die Materie zu der Person, die sie ist. Bewegung eines Körpers kommt in dieser Konzeption zustande, indem die Materie, die an sich nur Potenzialität ist und ohne Form nicht wirklich (aktual) ist, »aktualisiert« und damit aktiv wird.

Selbstevidenz   Eigenschaften von Sätzen und Prämissen, die auf keine weiteren Sätze oder Überlegungen gestützt werden müssen.

Skeptizismus im 16. Jahrhundert wird der antike Skeptizismus wieder entdeckt. Die skeptische Frage, ob ein sicheres System des Wissens möglich ist, wird zu einer der drängenden philosophischen Fragestellungen, mit denen sich Descartes auseinander setzt. Sein methodischer Zweifel, der eine radikale skeptische Prüfung all dessen, was man zu wissen meint, bedeutet, ist seine Reaktion auf den Skeptizismus, die ihn zum »cogito ergo sum« als sicherer Grundlage des Wissens führt.

Wahrheitskriterium   bei Descartes ist das, was klar und deutlich erkannt wird, wahr.

Wille   bei Descartes ist der Wille das Vermögen, zu wählen und bestimmte geistige Zustände hervorzurufen und in deren Folge bestimmte körperliche Zustände; Quelle des Irrtums, da der Wille dem Verstandesurteil zustimmen kann oder nicht.

Zweifel, methodischer Bestandteil der cartesischen Methode; alles, was als sicher gilt, wird infrage gestellt, um zu den zweifelsfreien Grundlagen des Wissens und der Erkenntnis zu gelangen.

Zeittafel

1596	René Descartes wird am 31. März in La Haye (heute: Descartes), einem kleinen Ort in der Nähe von Tours, als drittes Kind von Joachim Descartes und Jeanne Brochard geboren.
1597	Tod der Mutter.
1606–1614	Besuch des Jesuitenkollegiums Collège Royal in La Flèche (Anjou); Unterricht in Philosophie; dieser umfasst Studien in Latein, Griechisch, Rhetorik und Poesie, Logik, Geometrie, Mathematik und Physik.
1615–1616	Studium der Rechte an der Universität in Poitiers mit anschließendem Baccalaureat und Lizenziat in Zivil- und Kirchenrecht.
1618	Eintritt in die Armee des Prinzen Moritz von Nassau. Descartes verfasst seine erste Schrift, das *Compendium musicae* (veröffentlicht 1656), das er dem Naturforscher Isaac Beeckman widmet. Er erläutert in dieser Schrift musikalische Harmonien und Intervalle mithilfe einer mathematischen Proportionenlehre.
1619	Arbeit an den *Cogitationes privatae*, einem verschollenen unvollendeten Frühwerk, das aus den Exzerpten Adrien Baillets bekannt ist; im Spätsommer Eintritt als Freiwilliger in das Heer Maximilians von Bayern; Descartes verbringt den Winter in der Nähe von Ulm, wo er auch Kontakt zu dem Mathematiker und Rosenkreuzer Johannes Faulhaber hat.
1620	Arbeit an den *Regulae ad directionem ingenii*, einer unvollendeten Schrift (veröffentlicht 1701). In diesem Werk sind bereits Grundzüge der späteren Philosophie und Naturphilosophie enthalten. Von 1620 an Reisen durch das westliche Europa.
1622–1623	Regelung von Erb- und Finanzangelegenheiten in Frankreich.
1623–1625	Reise nach Italien.

1625–1628	Wohnsitz in Paris; enge Kontakte zu Marin Mersenne, dem Dichter Guez de Balzac u. a.
1628	Umzug in die Niederlande.
1630	Umzug nach Amsterdam; Descartes stellt die Werke *Dioptrique* und *Les météors* in erster Fassung fertig. Die *Dioptrique* (Optik), 1637 veröffentlicht, stellt für ihn das erste Anwendungsgebiet für seine wissenschaftliche Methode dar. Diese Methode hat er im 1637 veröffentlichten *Discours de la méthode* niedergelegt und der *Dioptrique* vorangestellt. In *Les météors*, gleichfalls 1637 veröffentlicht, werden Naturphänomene wie Wolken, Stürme und Regenbogen erklärt.
1632	Arbeit am *Traité de la lumière*, einem unvollendeten Text.
1633	*Le monde*, *Traité de l'homme* werden fertig gestellt, aber nicht veröffentlicht. *Le monde* (veröffentlicht 1664) enthält Descartes' Erklärung der Naturphänomene auf der Grundlage einer mechanistischen Physik, Ausführungen zur Struktur der Materie, Grundlagen der Mechanik, Optik und Kosmologie, darin Ansätze zu einem Heliozentrismus. *Traité de l'homme* (veröffentlicht 1664) beschäftigt sich mit der Physiologie und Anatomie des Menschen sowie einer Wahrnehmungstheorie.
1635	Geburt der Tochter Francine, Mutter ist die Magd Hijelena Jans.
um 1637	Arbeit an *La recherche de la verité par la lumière naturelle*, einer weiteren unvollendeten Schrift (veröffentlicht 1701 in Latein).
1637	Publikation des *Discours de la méthode*. Der *Discours* wurde den drei Abhandlungen *La dioptrique*, *Les météors* sowie *La géométrie* (enthält die Grundlagen der analytischen Geometrie) vorangestellt. Der *Discours* ist eine wissenschaftliche Autobiografie; Descartes schildert dort seinen intellektuellen und wissenschaftlichen Werdegang. Im vierten Teil des *Discours* findet sich der berühmteste Satz Descartes: »Ich denke, also bin ich«, den er als erstes und unerschütterliches Prinzip seiner Philosophie anführt. Er schildert den Argumentationsgang, der zu diesem Grundsatz führt,

	sowie die erkenntnis- und wahrheitstheoretischen Implikationen.
1640	Tod der Tochter.
1641	Publikation der *Meditationes de prima philosophia* mit sechs Einwänden und Erwiderungen. Descartes erläutert sein dualistisches Modell von Körper und Geist beziehungsweise Seele sowie die Unsterblichkeit der Letzteren. Der Zweifel wird als Methode vorgestellt, die uns zu den unfraglichen Grundprinzipien des Denkens führt, und die Existenz Gottes wird in drei Beweisen gezeigt.
1643	Beginn der Korrespondenz mit Elisabeth von der Pfalz (Prinzessin von Böhmen) und der Arbeit an den *Passions de l'âme*.
1644	Publikation der *Principia philosophiae* in vier Teilen; erste Reise nach Frankreich seit dem Umzug in die Niederlande. In den *Principia* führt Descartes seine metaphysischen und physikalisch-kosmologischen Überlegungen und Prinzipien nochmals aus, daneben macht er aber auch Andeutungen zu seinem Ethikverständnis.
1647	Publikation der *Meditationes* und der *Principia philosophiae* in Französisch; zweite Reise nach Frankreich; Beginn des Briefwechsels mit der Königin Christine von Schweden.
1648	Dritte Reise nach Frankreich.
1649	Publikation der *Passions de l'âme*; Reise nach Stockholm an den schwedischen Hof. In den *Passions de l'âme* analysiert Descartes die Mechanik des Körpers und der Leidenschaften und erklärt, wie der Geist auf die Mechanik des Körpers Einfluss nehmen kann. Die Beherrschung der Leidenschaften dient dazu, sich zu vervollkommnen, was ein bekanntes Ziel antiker Ethiken ist, das Descartes übernimmt. Publikation von *La naissance de la paix*, einem Ballettlibretto, das ein Auftragswerk der Königin Christine von Schweden ist.
1650	Descartes stirbt am 11. Februar in Stockholm infolge einer Lungenentzündung.